ROBERT H. SCHULLER

SERÁS LO QUE QUIERAS SER

La misión de Editorial Vida es proporcionar los recursos necesarios a fin de alcanzar a las personas para Jesucristo y ayudarlas a crecer en su fe.

SERÁS LO QUE QUIERAS SER
Edición en español
Copyright © 1976 por Editorial Vida

Publicado en inglés con el título:
You Can Become the Person You Want to Be
Por Hawthorn Books, Inc. W. Clement Stone, Publishers

Traducción: *A. Edwin Sipowicz*
Cubierta diseñada por: *Gustavo Camacho*

ISBN - 978-0-8297-0514-0

CATEGORÍA: VIDA CRISTIANA/ CRECIMIENTO PERSONAL

IMPRESO EN ESTADOS UNIDOS DE AMÉRICA
PRINTED IN THE UNITED STATES OF AMERICA

13 ◆ 38 37 36

DEDICATORIA

Dedicado a mi buen amigo Norman Víncent Peale quien, tal vez más que ningún otro pastor en nuestro siglo, ha enseñado a millones de personas a creer que podían llegar a ser las personas que Dios quiere que sean.

INDICE

ÍNDICE

PROLOGO

Por medio de su ministerio de imaginar posibilidades, el doctor Schuller ha ayudado a millones de personas a transformarse en la gente positiva y llena de éxito que Dios quiso que fuesen. Con la ayuda de este libro todos pueden aprender a superar formas de pensamiento negativas y vivir de acuerdo a sus posibilidades potenciales.

"¿Han soñado alguna vez un sueño que floreció en sus mentes sólo para morir? ¿Han iniciado carrera tras carrera y fracasado en todas ellas hasta arribar a la conclusión de que sus sueños son irreales y absurdos? ¿Están desilusionados, desalentados y descontentos con el éxito alcanzado? ¿Están secretamente insatisfechos con su statu actual? ¿Quieren llegar a ser mejores personas de lo que son? ¿Quisieran realmente aprender a sentirse orgullosos de ustedes mismos sin perder su genuina humildad? Entonces, ¡comiencen a soñar! ¡Es posible! ¡Pueden llegar a ser las personas que quisieron ser!"

El doctor Robert H. Schuller, cuyo concepto de imaginar posibilidades ha resultado beneficioso para innumerables hombres y mujeres que se sintieron derrotados por su incapacidad de alcanzar el nivel de sus posibilidades potenciales, describe aquí COMO SE

PUEDE LLEGAR A SER LA PERSONA QUE SE QUIERE SER.

Con toda claridad y simplicidad, el doctor Schuller explica cómo superar el temor al fracaso, cómo aprender los métodos para solucionar problemas, cómo librar nuestras mentes de fuerzas negativas o desagradables, y cómo lograr una poderosa confianza en nosotros mismos que nos abrirá las puertas del éxito. Paso a paso nos revela los talentos, los recursos, los impulsos y las oportunidades con que contamos pero que ignoramos tener.

No faltan de este libro ni la filosofía, ni los principios, ni los métodos, ni la técnica para imaginar posibilidades. El vencer comienza con el empezar y el empezar comienza con la lectura de este libro. Leyéndolo captaremos la hechura emocional, los ritmos positivos y las afirmaciones fidedignas que nos capacitarán para ser las personas que queremos ser.

Robert H. Schuller, D.D., LLD., es el pastor fundador de la internacionalmente reconocida *Garden Grove Community Drive-In Church*. Predicando desde el púlpito, el Rdo. Schuller aparece en programas televisivos en la CBS y ABC y también en la Red Televisiva Alemana y en la Red Televisiva Francesa.

Introducción: ¡ES POSIBLE!

¿Es posible que un hombre de cincuenta y nueve años de edad, entrado en carnes, que nunca fue un atleta y que representa más años de los que tiene, logre batir un *record* como fondista?

¿Es posible que una muchacha que en el secundario obtuvo bajísimas notas en química, logre en la Universidad las más altas notas en esa materia?

¿Puede un cuadripléjico, por lesión cerebral, aprender a caminar? ¿Puede un casi fracasado estudiante secundario llegar a ser uno de los mejores neurocirujanos del mundo? ¿Es posible que un hombre de color, huérfano y abandonado, llegue a ser un médico prominente?

Muchos, especialmente los que piensan en términos negativos, dirían que son cosas imposibles de lograr. Pero yo conozco a las personas en cuyas vidas se han producido esos cambios milagrosos y sé cómo los lograron.

Pensemos en un caso. Una joven que cuenta apenas veinte años de edad. Al llegar a Los Angeles con sólo siete dólares en el bolsillo, el único idioma que conoce es el castellano. Logró ahorrar cuatrocientos dólares, con los cuales instaló un negocio que se transformó en una empresa multimillonaria. ¡Aquella joven llegó a ser la Tesorera del Gobierno de los Estados Unidos de América! ¿Es posible semejante cosa? ¡Claro que lo es puesto que sucedió! (Es Romana Bañuelos.)

¿Es posible hallar gozo y felicidad cuando muere la persona que hemos amado más en la vida? "Quise morir cuando murió mi esposo. No tenía el más mínimo interés en vivir hasta que Dios me brindó el milagro de una vida nueva", dijo Doris Day. Después de eso empezó de nuevo.

> *Revivamos nuestros sueños*
> *¡ahora!*

¿Hemos soñado alguna vez un sueño que floreció en nuestras mentes sólo para morir? ¿Hemos iniciado carrera tras carrera y fracasado en todas ellas hasta arribar a la conclusión de que nuestros sueños son irreales y absurdos? ¿Estamos desilusionados, desalentados y descontentos con el éxito alcanzado? ¿Estamos secretamente insatisfechos con nuestro *statu* actual? ¿Quisiéramos llegar a ser mejores personas de lo que somos? ¿Quisiéramos realmente aprender a sentirnos orgullosos de nosotros mismos, sin perder nuestra genuina humildad? Entonces, ¡comencemos a soñar! ¡Podemos llegar a ser las personas que siempre quisimos ser!

¿Cómo? Hay una CLAVE, hay un SECRETO, hay una MANERA de transformar sueños imposibles en fantásticas realidades. Lo hemos bautizado con el nombre de imaginar posibilidades. Algunos lo llaman fe. Jesús dijo: "Si tuviereis fe como un grano de mostaza, diréis a este monte: Pásate de aquí allá, y se pasará; y nada os será imposible."

Veamos cómo actúa. Cuando una persona empieza a creer que las cosas pueden llegar a ser posibles de algún modo, por alguna razón, en alguna parte, algún día, en ese preciso y mágico momento del imaginar posibilidades ocurren tres milagros: 1. Entran en actividad las células cerebrales detectoras de oportunidades. 2. Toman vida las células cerebrales encargadas de resolver problemas. 3. Entran al torrente circulatorio sustancias químicas energizantes que favorecen la facultad de tomar decisiones. Afirmamos con toda responsabilidad, que eso es lo que ocurre si nos proponemos, con diligencia, lograr esos resultados.

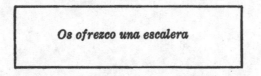

Os ofrezco una escalera

Tenemos frente a nosotros una escalera invisible. Se eleva hacia las alturas. Demos el primer paso. Aferrémonos a uno de los travesaños. Coloquemos nuestro pie derecho en el travesaño inferior. Hemos comenzado a subir. ¡Llegaremos a ser la persona que queremos ser!

¡Mientras más subamos más lejos veremos! Sentiremos que en nuestro interior nace una confianza en nosotros mismos. Sorpresas increíbles nos esperan en la cima de esa escalera. *Comencemos hoy* o seremos como el hombre que oró a Dios diciéndole: "Oh, Dios, líbrame del infierno de ver las grandes oportunidades que perdí porque me faltó la fe para creer y comenzar."

Nuestra mente consciente es como un dique que mantiene quietas las aguas de un océano de posibilidades inimaginables, ignotas, inexploradas. No pedimos otra cosa que la gente abra un pequeño agujero en ese dique. De hacerlo le darán una gran oportunidad al arte de imaginar posibilidades.

CAPITULO 1

PODEMOS SER LA PERSONA QUE QUEREMOS SER

¿Nos acomete a veces la deprimente sensación de no haber logrado todo lo que nos propusimos? ¿Ocurre a veces que otras personas aparentemente menos talentosas, menos inteligentes y menos dedicadas que nosotros nos dejan atrás?

¿Hemos sospechado alguna vez que pudiéramos vivir una vida más abundante que la que vivimos? ¿Será posible, nos preguntamos, que hayamos errado el blanco y obtenido menos de lo que merecemos? ¿Dónde está el mal? ¿Quién tiene la culpa por el ínfimo lugar que ocupamos en el marcador? Si en nuestro interior murió un sueño, ¿quién lo mató? ¿De quién es la culpa por no haber progresado y no haberlo hecho más rápidamente?

¿Cómo empezar?

¿Cómo empezar para llegar a ser la persona que queremos ser? En primer lugar debemos analizar las fuerzas negativas que nos postergaron. Hallemos las causas de nuestra inercia. Para poder corregir la situación debemos saber a qué o a quién culpar.

¿Hemos jugado alguna vez al juego denominado "Descubramos al ladrón"? Si alguien nos enseñó a culpar a toda una clase o a un grupo de gente que participa de un distinto credo o tiene un distinto color al nuestro o tenemos la inclinación de hacerlo, cometemos un tremendo error. Recuerde que hay muchísimas personas que ven coronados sus esfuerzos por el éxito a pesar de una oposición orgullosa o prejuiciada.

Analicemos otra excusa: —La culpa la tiene el sistema capitalista. Totalmente equivocado. A pesar de todos sus defectos, nuestro sistema de libre empresa —más que ningún otro en el mundo— nos permite libertad de tratar de ser lo que anhelamos.

—Mi origen o linaje es inadecuado. La culpa es de mi progenie. ¡Ridículo! ¡Tenemos un cerebro con trillones de células! Es un instrumento de posibilidades tan incalculables que los técnicos han estimado que demandaría un edificio de varias hectáreas cubiertas para albergar las computadoras que serían necesarias para igualar al menos desarrollado de los cerebros humanos. Y aún así, y aunque contáramos con la más formidable computadora fabricada por los hombres carecería de la potencia autogeneradora que posee *todo* ser humano.

—El sistema institucionalizado es el que me aplasta. ¡Perdón! Eso es una generalización superficial y negativa que no apoya el más rudimentario análisis. Los centenares de miles de personas que en condiciones desventajosas logran progresar en medio del sistema institucionalizado, conforman un rotundo mentís a esa afirmación y revela que ese argumento no pasa de ser una excusa. Recordemos que *¡nunca solucionaremos en forma cabal el problema en tanto y cuanto no sepamos bien a quién culpar!* Debemos formularnos el siguiente interrogante: Si otros, en peores circunstancias que yo, logran alcanzar sus metas, ¿POR QUE NO YO?

El único poder aplastante en la sociedad humana es el *imaginar imposibilidades*. Y la única persona, verdaderamente oprimida, es el *Imaginador de Imposibilidades*.

Un imaginador de imposibilidades que piensa en términos negativos o de imposibilidad, es una persona que descubre que hay algo malo en una idea, un plan, una organización, una institución, una tradición o una persona, nacida o por nacer, vota por su abandono, por su abolición o por su anulación.

Un *imaginador de posibilidades*, es decir, la persona que piensa en forma positiva, en términos de posibilidades, liberado de todo perfeccionismo, sabe que siempre hay algo que anda mal en toda idea, plan, organización, institución, tradición y persona. El imaginador de posibilidades se pregunta: —¿Qué hay de bueno en ello? ¿Hay algo de valor positivo en esta sugerencia? Si descubre que lo hay comienza a deslindar y a conquistar. Asume que tiene que haber una manera de separar, de aislar, de eliminar o sublimar los aspectos negativos de la situación. Cree que si persiste en hacer un análisis exhaustivo de todas las posibilidades, descubrirá o inventará una manera de aislar, de activar, de cultivar y de cosechar los valores positivos. A esto le damos el nombre de

Aprovechamiento Santificado.

Un imaginador de posibilidades nunca vota negativamente una idea que tiene alguna posibilidad de ser buena. Antes de inclinarse en favor de una posibilidad positiva cuajada de problemas, procurará perfeccionarla, modificarla, calificarla o demorarla, pero *nunca* decidirá negativamente ninguna sugerencia que tenga aunque más no sea una remota posibilidad positiva. El mero hecho de ser imposible no es razón suficiente para rechazar una idea potencialmente excelente. La creatividad comienza cuando algún imaginador de posibilidades desafía el problema con la idea positiva de que todo el mundo sabe que es imposible.

En otras palabras, nunca arroja el agua jabonosa del bañito juntamente con el bebé.

El imaginador de posibilidades se inclinará sin reservas, en forma negativa, por todo aquello que sea violatorio de su moral, de su religión y de la evaluación de su sistema ético.

¡Nos transformamos en nuestros propios tiranos cuando rendimos nuestra voluntad a pensamientos negativos a los que descuidadamente admitimos en las sagradas y mal vigiladas esferas de nuestra mente! En ese instante indefenso y en esa acción irresponsable, nos tornamos en nuestros propios opresores. Nosotros y nadie más que *NOSOTROS*, tenemos la facultad y el poder de recibir, de dar la bienvenida, y de alimentar los pensamientos negativos de nuestra mente que engendran la destrucción de nuestros sueños, el abandono de nuestras oportunidades, el estrangulamiento de nuestros éxitos.

De todas las personas que habitan el Planeta Tierra, hay una sola que tiene el poder de decidir la muerte de nuestros sueños. Esa soy YO. Soy YO el que afirmo la sentencia de muerte a mis sueños cuando decido abandonar toda esperanza, cuando decido no probar más y bajar los brazos.

La jaula del tigre en nuestras mentes

Comenzamos a vivir cuando decidimos liberar nuestras adormecidas potencialidades.

¿Qué es una jaula de tigre? Un veterano del conflicto de Vietnam respondió a esa pregunta ante una audiencia de extasiados oyentes. Durante cuatro años, como prisionero de guerra del Vietcong, estuvo metido en una jaula para tigres. En razón de que las guerrillas comunistas en Sudvietnam se desplazaban permanentemente de un lado a otro de la selva, no guardaban a sus prisioneros en prisiones fijas, sino en pequeñas prisiones o celdas fácil y rápidamente transportables. Ese fue el origen de la jaula del tigre. Hechas de caña de bambú, las pequeñas celdas medían 1,50 metros de largo por 1,20 metros de ancho, demasiado estrechas para que pudieran estirarse los altos americanos.

Año tras año —hasta seis años en un caso— los prisioneros americanos permanecieron entumecidos, amontonados en esas prisiones transportables. —Una noche logré quitar una de las cañas de bambú. Eso es todo lo que necesitaba para salir a la libertad— informó el piloto naval a su fascinado auditorio.

Miré los rostros de todos los miembros de ese confortable y próspero grupo sentado en el alfombrado salón de fiestas de ese hotel de California y vi no solamente un piloto naval que logró escapar, sino las caras de centenares de personas entrampados, ellos mismos, en las jaulas de tigre de su propia hechura.

Aprisionados dentro de los límites de cada mente humana, se esconden enormes posibilidades que nunca tuvieron oportunidad de verse realizadas. No hay poder en el mundo comparable al poder del hombre para soñar, visualizar o imaginar. No hay sufrimiento humano más trágico que el ver vivir a seres humanos —y finalmente morir— sin jamás haber dado rienda suelta a los aprisionados poderes de la imaginación creadora provistos por el propio Dios. Desde la niñez —pasando por la adolescencia— a la edad adulta, permitimos erigir alrededor de nuestras mentes una jaula de tigre que aprisiona nuestros impulsos creadores. Esto explicaría la razón por la cual, como lo han demostrado los *tests*, algunos niños superan a ciertos ejecutivos de primera línea para resolver problemas que exigen un altísimo poder mental. Mientras más vivimos más limitamos nuestra imaginación creadora.

Para llegar a ser la persona que queremos ser, debemos antes que nada aflojar los barrotes de nuestra mente. El propósito de este libro es enseñar a nuestros lectores cómo darse maña para aflojar, para arrancar subrepticiamente, para soltar a puntapiés o para maniobrar sigilosamente y con miras a liberarnos de los barrotes de la jaulá de tigre mental.

Eliminar el temor al fracaso

Uno de los gruesos barrotes en la jaula de tigre mental lleva el nombre de *Miedo al Fracaso*. Nada como ese temor bloquea tanto la facultad creadora dinámica del hombre. ¿Por qué? Porque el temor al fracaso es, en realidad, un temor a la vergüenza. La necesidad de la autoestimación es una de las más exigentes de todas las necesidades humanas. ¡Instintivamente evitamos exponer nuestra dignidad al riesgo del ridículo público! Sentimos la inclinación de jugar a lo seguro y evitar —por el sencillo expediente de no hacer nada— la posibilidad de un fracaso.

Tenemos que arrancar de nuestro pensamiento este concepto negativo y aprisionante. He aquí la manera. Recordemos que el delito no consiste en el fracaso sino en las reducidas metas.

¡El no triunfar no es un pecado!

El tratar de hacer algo grande y fracasar, es una de las mejores cosas que nos pueden ocurrir en la vida. ¡Nos encanta encontrarnos con personas que se atrevieron a probar!

Muchas veces he pensado que me gustaría crear un premio nacional, para ser entregado todos los años y que titularía "Premio al más glorioso fracaso del año". Se lo entregaría al hombre o a la mujer, al muchacho o a la muchacha, que trataron valientemente de vencer abrumadores obstáculos, ¡y perdieron! La verdad, por supuesto, es que tales personas no son, de ninguna manera, fracasados. Son, como personas, auténticos triunfadores con todos los honores. El fracaso no consiste en no poder lograr nuestras metas. El fracaso es no alcanzar el nivel que por nuestras posibilidades podríamos haber alcanzado. Ningún hombre será consciente de su triunfo hasta haber experimentado algún aparente fracaso. Ningún atleta que salta con garrocha podrá estar seguro de haber alcanzado la máxima altura de sus posibilidades físicas hasta haber volteado la varilla. Debemos incrementar nuestras metas hasta fracasar una vez. Entonces, y solamente entonces, sabremos que hemos alcanzado la cima. Habremos triunfado verdaderamente, cuando hayamos experimentado un aparente fracaso.

Aprendamos el arte de resolver los problemas

¿Tenemos por ventura, una inclinación natural a permitir que los problemas nos impidan soñar? Si así fuere es porque hay otro barrote más, en la prisión de nuestra mente, que será necesario arrancar. Es absurdamente esencial que desarrollemos una filosofía sensata y práctica para resolver los problemas.

> *Solucionemos nuestros problemas*
> *o nuestros problemas nos anularán*

Si de todo este libro una sola verdad nos llama la atención, que sea la siguiente: jamás entreguemos el liderazgo de nuestras vidas a problemas reales o imaginarios. Los imaginadores de posibilidades, los que dejan correr la imaginación, son los que se sienten motivados por los problemas. Saben que todo problema les brinda una oportunidad creadora. Los problemas detienen a los pensadores negativos; los problemas impulsan a los imaginadores de posibilidades. Los problemas paralizan a los que piensan en términos de imposibilidades pero impulsan a los que lo hacen en términos de posibilidades. Tomemos ahora mismo la decisión de no permitir jamás que los problemas nos impidan soñar. Debemos partir de la base que si nuestra capacidad nos permite imaginar un problema, también nos permite descubrir una solución. Recordemos que si nuestra imaginación formula problemas a la misma velocidad que crea oportunidades, estamos frente a una excelente combinación. Pudiera ser la forma en que Dios nos prueba para saber si tenemos suficiente fe para empezar. Si visualizamos grandes posibilidades rodeadas de obstáculos, ¡es maravilloso! ¡Eso le da a Dios la oportunidad de ejecutar algunos milagros! Millones de milagros ocurren diariamente. ¿Por qué no tener la audacia suficiente de reclamar nuestra parte?

La tiranía de recuerdos desagradables

¿Es la tiranía de recuerdos desagradables otro de los barrotes en la jaula del tigre de nuestra mente? ¿Nos obsesionan antiguas ofensas y desilusiones, retrocesos o rechazos? No estamos obligados a comprometer nuestro futuro rindiéndolo a esas fuerzas negativas. Echemos al olvido esos desagradables recuerdos. No permitamos que esos fantasmas se sienten al volante de nuestra mente para conducir nuestras vidas.

Dejemos que sean nuestros sueños y no nuestros arrepentimientos los que comanden nuestras vidas. Liberemos nuestra aprisionada imaginación creadora de la tiranía de los recuerdos depresivos. Hoy es el comienzo de una nueva aventura. Pensemos en las formidables cosas que podrían ocurrirnos mañana. ¡En poco tiempo habremos adquirido el nuevo *hobby* de coleccionar recuerdos agradables! ¡Y habrá otro barrote flojo en nuestra jaula del tigre! No temamos que de seguir adelante tendremos nuevas malas experiencias. ¡Temamos, más bien, que si no tratamos de nuevo perderemos la gran oportunidad de comenzar una vida verdaderamente feliz!

Construyamos una gran confianza en nosotros mismos

Otro de los barrotes en la jaula del tigre que embota nuestra creatividad es la falta de confianza en nosotros mismos. Si partimos de la base de que somos inferiores, sufriremos un desastroso fracaso. Si suponemos de antemano que los problemas nos bloquearán y nos derrotarán y de que si probamos saldremos nuevamente lastimados, habremos fabricado otro concepto opresivo en nuestra mente: —¡No lo puedo hacer! ¡A mí no me dará un buen resultado! Una autoimagen negativa formará otro barrote en la jaula del tigre de nuestra mente.

Debemos destruir esta esclavizante cadena con afirmaciones potentes, llenas del Espíritu de Dios:

"Si Dios está conmigo, ¿quién podrá estar contra mí?" (*Romanos* 8:31.)

"Todo lo puedo en Cristo que me fortalece." (*Filipenses* 4:13.)

"Al que cree todo le es posible." (*Marcos* 9:23.)

Personalmente logré romper la cadena de mi complejo de inferioridad y adquirí seguridad y confianza en mí mismo, por la lectura de dos versículos bíblicos:

"Estando persuadido de esto, que él comenzó en vosotros la buena obra (Dios nos ha dado la voluntad, la esperanza, los sueños, el deseo) ¡la perfeccionará!" (*Filipenses* 1:6.) (Dios nos dará el secreto, la fuerza y la capacidad para triunfar.)

"Porque Dios es el que en vosotros produce así el querer como el hacer, por su buena voluntad." (*Filipenses* 2:13.)

Debemos aprender de memoria y saturar nuestros pensamientos con estos versículos bíblicos.

Un turista caminaba por una escollera y vio que un pescador pescó un pez grande, lo midió y lo arrojó de vuelta al mar. Pescó un segundo pez, más pequeño que el anterior, lo midió y lo metió en su balde. Extrañamente descartó todos los peces que medían más de 25 centímetros de largo. Los que medían de 25 centímetros para abajo, los retenía. Curioso por descubrir el proceder del pescador, el turista le habló: —Perdóneme, ¿pero por qué arroja de vuelta al mar los peces grandes y se guarda los peces chicos? El viejo pescador levantó la vista, lo miró sin pestañear y respondió: —¡Porque mi sartén mide 25 centímetros de diámetro!

¿Tonterías? Por supuesto. Pero no es mayor tontería que cuando descartamos las más grandes ideas y los más hermosos sueños que llenan nuestra mente simplemente por el hecho de que nuestra experiencia es harto limitada y nuestra autoconfianza demasiado poco desarrollada, lo que nos impide asirnos a las grandes oportunidades que Dios pone en nuestros senderos.

Empecemos a crecer ahora. Pensemos a lo grande. Las cosas grandes les ocurren a las personas que piensan a lo grande. Nada grande le ocurre a las personas que piensan a lo chico.

Todos podemos llegar a ser las personas que queremos ser. Es perfectamente posible. Esto lo descubriremos a medida que nos libremos de la jaula del tigre del pensar imposible.

Incorporémonos a la gran aventura de descubrir la maravillosa vida que Dios ha planeado para nosotros. Unámonos a la entusiasta muchedumbre de enérgicos, apasionados y juveniles imaginadores de posibilidades.

Diez mandamientos para imaginadores de posibilidades

Hay diez reglas a las que debemos ajustarnos al leer estas páginas. Si les hacemos caso omiso nos veremos privados de inconmensurables estímulos, de logros y de éxitos. Consideramos a estos principios o reglas como los diez mandamientos par los imaginadores de posibilidades. Es imperioso que nos familiaricemos con estos mandamientos desde el comienzo, antes de tratar de incrementar las facultades de nuestro intelecto.

1. Nunca debemos rechazar una idea porque "es imposible".

2. Nunca debemos anular un pensamiento porque entraña problemas, o esperar, antes de empezar algo, a que hayamos solucionado todos los posibles problemas de la empresa.

3. No debemos oponernos a una posibilidad porque nunca la hemos ejecutado y no podemos imaginar cómo llevarla a cabo.

4. Jamás debemos rechazar un plan porque existe el riesgo de su fracaso.

5. Nunca debemos ser derrotistas en una sugerencia potencialmente buena porque vemos que algún aspecto de la misma no está bien.

6. Nunca debemos sofocar una idea creativa porque nadie antes la pudo perfeccionar.

7. Nunca debemos declarar que una idea constructiva es imposible de ejecutar porque nos falta el tiempo, el dinero, la inteligencia, la energía, el talento o la habilidad para traducirla en obra.

8. Nunca debemos descartar un plan o un proyecto simplemente porque es imperfecto.

9. Nunca debemos oponernos a una buena propuesta porque no se nos ocurrió a nosotros, porque no se nos reconocerá el mérito de la idea, porque no nos beneficiaremos personalmente con ella, o no vayamos a vivir para disfrutarla.

10. Nunca debemos abandonar porque hemos llegado al final del sendero. ¡Busquemos otro sendero y sigamos adelante!

¡Y ahora, comencemos a soñar! ¡Asegurémonos que nuestros sueños tengan la suficiente amplitud para que Dios quepa en ellos!

CAPITULO 2

FIJEMOS NUESTRAS METAS
Y ELLAS NOS IMPULSARAN

¿Qué metas nos fijaríamos si supiéramos que no habríamos de fracasar?

¿Qué sueños esbozaríamos si tuviéramos ilimitados recursos financieros?

¿Qué planes proyectaríamos si contáramos con treinta años para realizarlos?

¿Qué proyectos elaboraríamos si contáramos con la sabiduría para resolver cualquier problema y el poder de anular todos los obstáculos?

¿En qué tareas formidables estaríamos ocupados hoy en día si tuviéramos la capacidad para vender nuestras ideas a gente poderosa?

¿Qué papel desempeñaríamos en el drama de la vida humana? Debemos poner en claro nuestros papeles antes de fijar nuestras metas, pues de lo contrario nos toparemos con confusiones y frustraciones. Los conflictos en las relaciones interpersonales resultan a menudo de una errónea interpretación entre las personas involucradas, de los papeles que cada uno debería jugar. He aquí una sencilla fórmula para garantizar un papel exitoso: Meta + sacrificio = EXITO. Definamos nuestros papeles y entonces, solamente entonces, preparémonos para fijar nuestras metas. Dispongámonos a pagar el precio en términos de tiempo, de dinero, de energía y de compartir los méritos, y triunfaremos.

Volvamos ahora al comienzo de este capítulo y repensemos, despaciosa y cuidadosamente el gran interrogante. No seamos frenados por fracasos pasados. Cuando el sol asome mañana por el oriente, la luz de un nuevo día iluminará una puerta abierta que nos llama a entrar en un flamante mundo llamado la "Tierra de un nuevo comenzar". Preparémonos para esa fantástica experiencia releyendo aquellos interrogantes.

Debemos estirar al máximo nuestra imaginación antes de fijar nuestras metas. Los atletas no entran a la palestra sin practicar antes ejercicios para entrar en calor. Releamos las preguntas que planteamos antes ¡y comenzaremos a enfocar emocionantes posibilidades!

Ahora sí, estamos preparados a rever, reevaluar, revisar y reproyectar las metas de nuestras vidas.

Es aquí donde comienza el éxito o el fracaso. Si nos fijamos metas bajas, las realizaciones serán bajas. El fijar nuestras metas —tal vez más que ningún otro factor en la vida— determinará si alcanzaremos el nivel que pudimos alcanzar en la vida.

> *No aspiremos a nada y acertaremos*

En la fijación de las metas se inicia el éxito o comienza el fracaso de nuestras vidas.

En el Instituto para el Liderazgo de Iglesias Exitosas, que dirijo en Garden Grove, California, procuramos hacer de pastores y líderes religiosos dinámicos pensadores positivos. Les pedimos a nuestros pastores que escriban en una hoja de papel sus metas a cinco, diez, quince y veinte años de plazo. De más de 2.000 graduados solamente una vez he leído metas que me hicieron exclamar: —¡Son irreales; demasiado elevadas! ¡Demasiado rápidas! Casi siempre las metas que se fijan los estudiantes del Instituto de Líderes son demasiado bajas pero no demasiados rápidas.

¿Hay principios universales que podemos aplicar para fijar las metas de nuestras vidas profesionales y personales? Por cierto que las hay. Veamos algunas de ellas.

Consideremos los talentos que tenemos

Los imaginadores de posibilidades empiezan a fijar sus metas previo un examen realista de los talentos que Dios les dio.

Hagamos una lista de las cosas que creemos que hacemos bien y una lista de las cosas que quisiéramos hacer bien. Analicemos ambas listas.

Descubramos los ocultos talentos que moran en nosotros pensando en forma realista. ¡Ahí están! Mirémolos.

Jim Poppen era a todas luces un inútil en el secundario. Los maestros lo habrían juzgado de inteligencia y talentos por debajo del término medio. Ahora, mirando hacia atrás, sabemos que no era talento lo que le faltaba; le faltaba la motivación resultante de una ausencia de metas desafiantes. Cuando Jim expresó un vago interés en medicina, su padre, un granjero, lo envió al muchacho a un instituto donde pudieran probar su inclinación. El primo de Jim Poppen, miembro de la plana mayor de la iglesia, me dijo: —Nadie jamás hubiera apostado un centavo de que Jim llegaría a ser algo.

El joven volvió a su casa para las vacaciones navideñas. Una noche, fría y oscura, en el Estado de Michigan, en la quietud de la noche su padre se despertó al escuchar extraños ruidos provenientes de la cocina envuelta en tinieblas. Silenciosamente se abrió camino en la oscuridad, hasta llegar a la cocina, y encendió la luz. Vio a su hijo estirado cuan largo era en el piso de la cocina, envuelto en una maraña de sogas atadas a las desvencijadas patas de una vieja silla de la cocina. —¡Mi hijo enloqueció! ¡Su mente no ha podido soportar el esfuerzo a que lo sometió el estudio! Eso fue lo que pensó su padre. Antes de pronunciar palabra Jim le gritó: —¡Apaga la luz, papá! En la escuela de medicina descubrí, el mes pasado, el cerebro humano. Seré un neurocirujano.

Por eso tengo que aprender a hacer nudos en la oscuridad. ¿Pero podrían los toscos y gruesos dedos del hijo del granjero y la mente indisciplinada de un estudiante mediocre elucubrar el talento necesario para hacerlo? ¡Jim Poppen lo hizo!

Años atrás me dirigía en automóvil a mi oficina cuando el locutor del noticiero radial anunció la terrible noticia:

Al candidato presidencial Robert Kennedy le dispararon un balazo en la cabeza. Su condición es grave y en este momento está en un hospital de Los Angeles. No hay mayores detalles. Sin embargo, ha trascendido que la familia Kennedy ha solicitado la presencia del mundialmente famoso cirujano de cerebro de Boston, Massachusetts, doctor James Poppen, que en estos momentos vuela hacia Los Angeles.

¡Sólo Dios sabe qué adormilados talentos yacen ocultos en nuestro interior, esperando ser despertados! Sea lo que fuera que hagamos, tratemos siempre de que sean nuestros futuros deseos y no nuestras pasadas derrotas, los que fijen nuestras metas!

Tengo una amiga que empezó a estudiar el piano, en serio, a los sesenta años de edad. Dos años después sabía lo suficiente para dar clases a niños pequeños. Es dulce, amable y hermosa. Por ello los niños la quieren con locura. Un día le pregunté: ¿No tienes que ser muy hábil para enseñar a otros? Ella me respondió: —En realidad no. ¡Pero tengo que ser mejor que mis alumnos! Solamente tomo principiantes y estoy siempre un paso más adelante que ellos.

Exploremos nuestros intereses latentes. Descubramos talentos insospechados. Recordemos lo siguiente: el hecho de que hay más personas "talentosas" que han fracasado y más personas "no talentosas" que han triunfado, prueba que el talento no es el ingrediente más esencial para lograr lo que queremos o para llegar a ser la persona que anhelamos ser.

Consideremos los impulsos que Dios nos brinda

En innumerables ocasiones el premio no lo obtiene el hombre de talento sino el hombre que está seguro que puede alcanzar su meta. Hay un hecho incontrovertible: *Un gran impulso, una vigorosa determinación, un anhelo consumidor, fácilmente compensarán los escasos o limitados talentos.*

Según las normas de un imaginador de imposibilidades, el hombre que convirtió un gol desde una distancia no igualada hasta ese momento en la historia del fútbol profesional, no pudo haberlo hecho. Pero nadie le dijo semejante cosa al jugador, e hizo lo imposible. La mayoría de los fanáticos del fútbol conocen su nombre: Tom Demsey. Nació con solo medio pie derecho y deformado su brazo derecho y mano derecha. Si bien logró superar con éxito su desventaja y jugó notablemente al fútbol en el secundario y en la universidad, lo rechazaron de los cuadros profesionales, con el comentario de que carecía de la "pasta" que hace a un profesional. Se negó a aceptar ese veredicto. Explica su actitud en las siguientes palabras: —Nunca he aprendido a renunciar. Muchas veces en la vida y en los deportes he visto cosas que han experimentado un vuelco porque alguien perseveró, alguien no perdió su fe.

Añade las siguientes palabras de testimonio sobre su propia familia: —Mis padres han sido bendecidos con ese tipo de fe.

Finalmente Dempsey fue contratado como jugador por los *New Orleans Saints*.

El *field goal* (que vale tres puntos) de Demsey decidió un partido muy parejo entre los *Detroit Lions* y los *New Orleans Saints*. En instantes en que parecía que los *New Orleans Saints* tenían la victoria en sus manos, y faltando solamente once segundos para terminar el partido, el jugador del *Detriot Lions* anotó un *field goal* desde 18 yardas (16,38 metros) que los puso adelante 17-16. Parecía que todo había terminado. En dos jugadas los *New Orleans Saints* llevaron la pelota hasta su propia línea de 45 yardas. Faltaban dos segundos para terminar el partido. El director técnico del *New Orleans Saints* le indicó a Tom que procurara realizar el más largo *field goal* jamás ejecutado. La distancia entre su pie y la valla era de 63 yardas (57,33 metros). Hasta ese momento el más largo *field goal* anotado en el fútbol profesional era de 56 yardas (48,23 metros). Tom estaba tan lejos de los palos de la valla que si bien estaba seguro, cuando le pegó a la pelota, que iba en buena dirección, no estaba seguro de que llegaría a la meta. Y no lo estuvo hasta que vio al árbitro alzar los brazos para indicar la conversión del gol. Los *New Orleans Saints* habían ganado. Tom escuchó que alguien, después del partido, pronunció la palabra —¡Increíble!

No hizo otra cosa que sonreír porque sus entrenadores y directores técnicos nunca le hablaron en términos negativos. Tom lo expresa así: —Estuvieron siempre tan ocupados estimulándome ¡que se olvidaron de decirme las cosas que no podía hacer!

Uno de los más desconcertantes interrogantes que espera la respuesta responsable de los sicólogos de hoy en día, es el que pregunta si un anhelo ferviente puede crear un talento que presumiblemente no existe. Hay cada vez mayores evidencias de que puede ser así. John Stewart, el astro de la compañía de Opera de la ciudad de Nueva York, recibió de los "expertos" el diagnóstico de que su voz "no era la voz de un cantor profesional". Le aconsejaron que desistiera de sus intenciones de actuar como cantor de ópera y se dedicara, más bien, a enseñar música. Nadie hoy en día duda que tiene talento. Pareciera que la palabra talento es la descripción dada por un público que aprueba la disciplina, la determinación, y la dedicación de un soñador invencible impulsado por un ardiente deseo de triunfar.

¿Tiene un retrasado mental el talento natural para lograr una educación? ¡Por supuesto que no! Al menos así lo han dicho siempre los expertos. Sin embargo, visité la sección de los retardados mentales de la escuela pública en Mitchell, Dakota del Sur, y vi doce jóvenes aferrados a un indescriptible deseo de aprender.

Tres semanas antes, en una visita a una escuela similar en California, el rector, especializado en la enseñanza de niños afectados de la Enfermedad de Down, me dijo: —Estos niños carecen de la capacidad para aprender a leer y escribir. Pero les enseñamos el significado de unos cuantos dibujos como "peligro", "salida", "hombre", "mujer". Confieso que me impresionó el grado de aprendizaje alcanzado, hasta que la maestra en Dakota del Sur hizo leer a la clase ¡¡frases enteras! —No hemos descubierto aún qué grado de talento poseen estos jovencitos— me dijo, brillantes sus ojos de entusiasmo. Y añadió: —Confidencialmente— habló en voz baja señalándome uno de los mejores lectores de ojos almendrados —esa niña tiene un coeficiente de inteligencia solamente de 41.

El doctor Irving Stone, eminente sicólogo especializado en niños notoriamente retardados en el hospital estatal de Fairview, en Costa Mesa, California, me escuchó atentamente cuando le hablé de mi experiencia en Dakota del Sur. —Eso es tan cierto —exclamó con entusiasmo el brillante médico —de que recientemente hemos llegado a la conclusión que con respecto a la capacidad de aprendizaje de estos niños, debemos modificar totalmente la política que hasta ahora hemos sustentado, porque ¡cualquier cosa es posible! Luego, con un dejo de humilde penitencia profesional agregó: —Ahora reconocemos que hemos limitado el campo de acción de estas personas por nuestra falta de fe en el inmenso potencial que yace adormecido en una mente retardada. Pareciera ahora que son nuestras mentes las que han sido tardas en imaginar lo que pueden ejecutar si son adecuadamente motivadas, inspiradas y entrenadas.

Consideremos los desafíos que nos desafían

¡Tenemos que redescubrir el principio universal de que cada problema engendra una oportunidad! Muy a menudo las dificultades se transforman en desafíos para hacernos personas más grandes, más amplias, mejores y más hermosas que antes.

En mi libro *Move Ahead with Possibility Thinking* (Adelante, imaginando posibilidades) la historia de Norm y Sarah Rassmussen ilustró este punto. Cuando el quinto hijo de ese matrimonio nació mogólico, transformaron su problema en un proyecto y adoptaron otros cuatro niños mogólicos. Ahora hay un nuevo capítulo a su historia, Norm, ingeniero aeroespacial, perdió su puesto durante una reducción de personal. En lugar de considerar su desempleo como un problema lo vio como una oportunidad. Con esa actitud se le ocurrió una idea. ¡El y Sarah dedicaron todo su tiempo a la atención de un hogar adoptivo para niños mogólicos!

¿Necesitamos ayuda para fijar nuestras metas personales? Consideremos cuál es el desafío al que hacemos frente en este momento. Si estamos en un hospital pudiera ser que la meta para el día de hoy es poder levantar un brazo, mañana una pierna, al día siguiente colocarnos de costado, luego levantarnos e ir caminando al baño, después de eso sentarnos en una silla y por último atravesar los pasillos ¡y a casa! *¡Piano, piano, se va lontano!*

Y recordemos algo importante: al fijar nuestras metas florezcamos en el sitio donde estamos.

Reviste máxima importancia nuestra actitud mental hacia el lugar donde nos hallamos en un determinado momento. ¡Si creemos que es imposible, entonces el mayor problema somos *nosotros*! Si pensamos en términos de posibilidades, comprenderemos que cada dificultad es un llamado a algún triunfo personal.

Cuando hemos ideado una solución a un difícil problema o nos hemos adaptado a una penosa situación, conoceremos el elevado y feliz sentimiento que se logra al experimentar un triunfo personal.

En cierta ocasión, mientras atravesaba el desierto, se reventó uno de los neumáticos de nuestro automóvil. Levanté la parte trasera del automóvil y en el instante de aflojar las tuercas de la rueda el cric se rompió y el automóvil cayó sobre su eje. Estaba inmovilizado. No había forma de levantar el vehículo.

—¡Un momento! ¡Cavemos un hueco! —sugirió mi esposa. Y eso es lo que decidí hacer. Felizmente estábamos estacionados sobre la berma y no sobre el pavimento. La tierra era dura como si fuera de cemento. Pero con la llave llantera empecé a cavar. Piedra por piedra, piedrecita tras piedrecita, logré cavar un hueco suficientemente hondo como para retirar el neumático reventado y colocar la rueda de auxilio y ajustar las tuercas. ¡Fue tremenda la euforia que sentí por ese triunfo personal! No hay problema que no pueda transformarse en un triunfo personal, haciendo de la vida una verdadera aventura de comienzo a fin.

> Si nunca lanzamos un desafío a los problemas personales, nunca gustaremos la euforia de un triunfo personal.

*Consideremos las normas que rigen
nuestras vidas*

Me sacudió la noticia de que un ex-convicto leyó mi
libro sobre cómo pensar en términos de posibilidades
y su lectura lo inspiró para realizar un increíble asalto. Imaginó posibilidades, pero malas posibilidades.

Lo que reviste máxima importancia, en la fijación
de nuestras metas, es considerar las normas a las
cuales ajustamos nuestras vidas. Si le asignamos el
máximo valor al dinero o a los objetos materiales, los
primeros interrogantes, antes de fijar nuestras metas,
serán:

—¿Cuánto costará?

—¿Cuánto dinero ganaremos?

—¿Cuáles serán los márgenes de ganancia?

Si es a la seguridad a la que asignamos el máximo
valor, nos formularemos las siguientes preguntas antes
de fijar nuestras metas:

—¿Podremos estar seguros del éxito?

—¿Corremos algún riesgo?

—¿Habrá alguna posibilidad de fracaso?

Si el Espíritu de Cristo mora en nosotros viviremos
según *Normas de Servicio* que consiste en fijarle un
valor primordial a los actos de servicio a nuestros
semejantes, despojados de todo egoísmo y los primeros
interrogantes que formularemos al fijar nuestras metas, serán:

—¿Ayudará a los sufrientes?

—¿Nos hará mejores personas?

—¿Estas metas despertarán nuestros mejores sentimientos o sacarán a luz lo peor de nuestra naturaleza?

—¿Será una oportunidad que nos permita probar
nuestra fe en un gran Dios?

El hombre no siempre logra la consecusión
de sus metas
Pero las metas traducen la personalidad del
hombre.

Si estamos verdaderamente comprometidos a normas de servicios o a un sistema de valores, podremos tomar rápida y confiadamente las más trascendentales decisiones. Como clérigo ejerzo la presidencia de las juntas oficiales de tres distintas iglesias. Toda vez que alguien sugiere una idea positiva, nos formulamos tres interrogantes: ¿Se trata de algo realmente importante para Dios? ¿Ayudará a los que sufren? ¿Hay alguien que ya lo esté haciendo?

Si la respuesta a las dos primeras preguntas es afirmativa y negativa la tercera, la decisión está tomada: ¡Adelante con la idea! Resolvemos ejecutarla y confiar en que habremos de solucionar los problemas a medida que se plantean. No malgastamos nuestro precioso tiempo ni nuestra energía mental creadora en demoras, discusiones, o en tomar decisiones. Tomamos la decisión sin más preámbulo. Llevaremos a cabo la idea nosotros mismos o abriremos una brecha para estimular a otros, o constituiremos una nueva organización, o una nueva corporación, o un comité ejecutivo para poner manos a la obra. ¡Tengamos fe! Si hemos tomado una decisión equivocada significa, simplemente, que debemos tomar otra.

En una gira para la Fuerza Aérea en el Lejano Oriente, oí de un dinámico general que observó que los civiles sufrían la falta de medicamentos y preguntó por qué no se tomaban medidas para remediar esa situación. Se le contestó que era una situación imposible. Llamó a su subordinado inmediato y le ordenó: —Reúna a la gente más capacitada de nuestra unidad militar para que elaboren una solución a este problema. No quiero que pierda un solo instante decidiendo si se puede hacer o no. Le ordeno que ocupe cada minuto y gaste cada gramo de energía mental en imaginar la manera de *construir* un hospital, totalmente equipado... ¡AHORA!

El subordinado que recibió la orden comentó más tarde: —¡Es asombrosa la manera en que surgieron las ideas creadoras cuando nos juntamos para tratar el problema! ¡En sesenta días el hospital funcionaba a pleno!

Analicemos los recursos disponibles

Consideremos los recursos a nuestra disposición en el mundo de hoy. No tomemos en cuenta los recursos que tenemos a mano. ¡Consideremos los recursos disponibles en el mundo!

¡Si la causa es buena no sirve la excusa de no disponer de tiempo, ni de talento, ni de inteligencia, ni de capacidad, ni de energía, ni de dotes de organización! El poder mental, el poder financiero, la energía llevada a su máxima potencia, abundan en el mundo y provocan por gravitación Grandes Ideas y Grandes Pensadores con la misma fuerza que el imán atrae la viruta de acero.

Pudiera ser que el factor tiempo sea una de nuestras consideraciones cruciales. Pero en muchos casos es posible hacerse de tiempo. Una de las formas es contratar más gente para realizar una tarea. ¿Que no podemos incurrir en ese gasto? Entonces el problema no es el tiempo sino el dinero. ¡Y los problemas monetarios son siempre más fáciles de solucionar!

En la fijación de metas el tiempo constituye uno de los recursos que más merecen nuestra consideración. Fundé la *Garden Grove Community Church,* a la edad de 28 años. —Aquí pasaré mis próximos 40 años, soñé. ¡Y por cierto que esa actitud hizo que mis sueños se multiplicaran al infinito!

Una advertencia a los ciudadanos mayores: ¡no deben subestimar el tiempo que aún les queda! Al terminar una conferencia sobre el arte de imaginar posibilidades, en un viaje en barco por el Océano Pacífico, un entusiasta oyente me dijo: —¡Cuánto hubiera deseado escuchar sus palabras 30 años atrás! ¡A estas horas sería un millonario!

El hombre representaba alrededor de 57 años de edad. —¿Qué edad tiene? —le pregunté. —Sesenta y ocho— me contestó sonriendo. —¡Entonces no es usted demasiado viejo para empezar!— le dije como desafío. —Da usted la impresión de ser tan joven y saludable, que a lo mejor vive hasta alcanzar la edad de 98 años, y para eso le faltan 30 años más! Comience hoy, pues de lo contrario dentro de veinte años se quejará por no haber comenzado veinte años atrás, cuando todavía se sentía joven.

Si hemos alcanzado una edad tan avanzada que no podemos imaginar razonablemente que viviremos suficientes años para completar nuestros sueños ... ¿entonces qué? Entre los recursos de que disponemos, no contemos el tiempo que Dios nos ha brindado sino el tiempo de que Dios dispone como recurso nuestro. Mi padre plantó una quinta de manzanas a los 80 años de edad, porque sabía que Dios proveería del tiempo y la sazón para que alguien, algún día, gozara de su fruto.

La verdad es que en este preciso momento todos contamos con increíbles e ignotos recursos. Un amigo mío vio el instante en que un archivador de cuatro estantes caía sobre su hijito de corta edad que trataba de trepar por el mismo. De un salto el padre levantó el archivador que pesaba 180 kilogramos, liberando a su hijito lastimado. —No sé de dónde me vino la fuerza y la energía para hacerlo —me comentó.

Dios cuenta con ilimitados recursos a disposición de la gente que piensa a lo grande y cree en profundidad.

Tomemos en cuenta las oportunidades
que nos rodean

Finalmente, contamos con la libertad para escoger prácticamente cualquier carrera que queramos. ¡Pensemos en términos de oportunidades y fijemos nuestras metas!

Poco tiempo atrás me dijo un joven de 18 años de edad: —Quisiera, en el resto de mi vida, ganar un millón de dólares y al morir que pase a manos de grandes causas que necesitan dinero desesperadamente.

Pero pienso, con todo realismo, que no lograré hacerlo.

—¿Puedes creer en la posibilidad de alcanzar la edad de 78 años?— le pregunté. —Sí, me parece que sí— me respondió. —Entonces puedo explicarte cómo ganar un millón de dólares en lo que te resta de vida— le aseguré. Ejercita tu facultad de imaginar posibilidades, y planea tu vida. Te explicaré *cómo* hacerlo: trabaja, gana y ahorra 1.500 dólares el próximo año. Aumenta esta suma a un promedio de dos mil dólares anuales durante los próximos 20 años. A los 38 años de edad tendrás 40.000 dólares en tu Caja de Ahorros. Inviertes esa suma a un interés del 8 por ciento. Asegúrate que el interés anual sea un interés compuesto. Forma una corporación sin utilidades para guardar el dinero. ¡Y sin añadir ahorros adicionales, tus cuarenta mil dólares se harán un millón de dólares en cuarenta años! Y a la edad de 78 años tendrán el millón de dólares que quieres regalar. Es un hecho matemático. El joven quedó asombrado: —Lo haré, me dijo. ¡Creo que realmente lo hará!

Un jovencito se aproximó a un adinerado contratista que estaba en la acera mirando la estructura del gran edificio de oficinas que construía. —Dígame, señor— preguntó el muchacho, —¿qué tengo que hacer, cuando crezca, para ser próspero como usted?

El canoso constructor sonrió con amabilidad y luego, en el duro lenguaje de su profesión, le contestó: —Muy fácil, hijo. Cómprate una camisa roja y trabaja como loco.

Sabiendo que el jovencito no le entendió, el constructor de rascacielos explicó, señalando el esqueleto de la nueva estructura: —¿Ves aquel hombre que viste una camisa roja? Ni siquiera conozco su nombre. Pero he observado la forma diligente con que trabaja. Uno de estos días necesitaré un superintendente y le diré al hombre de la camisa roja que quiero hablarle ¡y el hombre de la camisa roja tendrá su gran oportunidad!

Recordemos esto: la mayoría de la gente fracasa no porque le falta talento, dinero u oportunidad; fracasa porque nunca planifican. ¡Debemos planear el futuro, porque es allí donde habremos de vivir!

> *La ausencia de planificación*
> *provocará nuestro fracaso*

En el año 1955 resolví fundar una nueva iglesia. Con 500 dólares, mi esposa como miembro, y la utilización de un autocine como lugar de reunión, comenzamos. Imaginé mentalmente la iglesia que quería construir, con sus jardines, flores, gente, equipo. Hoy en día los visitantes caminan por los jardines del predio de casi nueve hectáreas. Ascienden en ascensores de cristal para llegar a la capilla en el cielo, en el decimoquinto piso. Todos quedan impresionados. Expresan su incredulidad. —Por mi parte ni estoy impresionado ni asombrado— les digo, y añado con la más absoluta honestidad: —Después de todo, ¡esto es lo que planeamos!

Debemos fijarnos metas bien definidas. Conviene que las escribamos. Hagámonos un cuadro general. Imprimámoslo en nuestro subconsciente a través del canal de nuestros ojos. Llegados a este punto afirmemos positivamente, a *viva voz*, nuestra esperanza de lograr lo que nos hemos propuesto. Debemos visualizar y luego expresar verbalmente nuestras metas. Al hacerlo así condicionamos nuestro subconsciente tanto por medio del audiovisual como del canal de entrada del video de nuestro cuerpo y de nuestra mente. Repitamos diariamente este tratamiento acondicionador de nuestra mente, y entrenaremos nuestro subconsciente para la realización de determinadas metas. Fijémonos un horario para cada etapa para ejercer una presión sobre nosotros mismos que nos impulse a comenzar y podamos progresar firmemente hacia la consecución de nuestras metas. Es importante fijar un tiempo límite en el cual ejecutar cada etapa. De lo contrario las dilaciones y las demoras serán las que dirijirán nuestro proyecto y con tales pilotes jamás alcanzaremos la meta fijada.

Preguntémonos: —¿Qué cosa grande podríamos hacer antes de morir? Sea lo que fuere, ¡tomemos la firme decisión de hacerlo! Si lo que nos hace falta es más educación, ¡adquirámosla! Si lo que necesitamos es más dinero, ¡obtengámoslo! ¡Está a nuestro alcance esperando ser invertido en magníficos nuevos proyectos, planes, y gente! Si lo que necesitamos es más talento, propongámonos adquirir mayor capacidad, o alquilémoslo. Lo que hagamos, hagámoslo sin desperdiciar las oportunidades con que aún contamos. Dios trata desesperadamente de instalar un sueño en nuestra imaginación. No debemos torpedearlo diciendo que es imposible.

Nuestro mayor peligro no radica en el fracaso de lograr nuestra meta; el mayor peligro consiste en realizarlo y dejar de crecer. Debemos entender claramente que la fijación de metas es una actividad de nunca terminar, tanto de las personas como de las instituciones. Es la pulsación que nos dice que hay vida. —Espero que viva usted lo suficiente como para ver que todos sus sueños se han hecho realidad, doctor Schuller— alguien me dijo una vez. —¡Y yo espero que no! Si ocurriera lo que usted espera habré muerto antes de morir físicamente. Cuando un hombre logra sus metas y no fija otras, deja de vivir y pasa a una vida vegetativa, donde meramente existe. Un hombre muere cuando deja de soñar. No tengamos miedo de morir. ¡Temamos, más bien, dejar de vivir antes de morir!

Hay un principio respecto de la vida que es universal: cuando un organismo, o un individuo, o una institución, deja de crecer, se plantan las semillas de la declinación, de la decadencia y de la muerte. Fijémonos metas tan grandes o extensibles que al alcanzarlas no nos sintamos enclaustrados y podamos mirar hacia nuevos horizontes. De otra manera comenzaremos a fracsar en el preciso instante en que comenzamos a triunfar. Recordemos el principio fijado por A. N. Whitehead, el filósofo inglés: "La mayoría de los grandes sueños de grandes soñadores no se cumplen: son superados." ¡Fijémonos, pues, grandes sueños, y vivamos!

CAPITULO 3

PRINCIPIOS BASICOS
PARA LA SOLUCION
DE LOS PROBLEMAS

Ahora, preparémonos a encarar los problemas.
Podemos tener la certeza de que todo proyecto
que no provoca problemas no es un proyecto que
valga la pena. Después de haber fijado nuestras
metas, todo lo que necesitamos es una actitud
altamente desarrollada de imaginar posibilidades
con respecto a los problemas, y triunfaremos.

Mi amigo Walter Burke, que llegó a Presidente
de la MacDonnel Douglas Company, durante los
primeros días de la exploración espacial, decía:
—No existe un problema insoluble, no hay tal
cosa. Lo que a primera vista parece un problema
imposible de resolver no pasa de ser un desafío
a la inventiva y a la ingeniosidad del hombre.
Bajo su dinámica de liderazgo, la Compañía estaba a punto de completar el laboratorio espacial proyectado para un lanzamiento en 1973.
Me hizo conocer este extraordinario laboratorio.
Luego entramos a su amplia y cómoda oficina.
Detrás de su escritorio colgaba de la pared una
enorme copia enmarcada del *Credo de los imagi-*
nadores de posibilidades que escribí meses atrás.
(Cuando oyó de ese credo solicitó una copia.)

—Dice todo lo que creemos en este lugar— me dijo. El credo es el siguiente:

Enfrentado a una montaña
no renunciaré.
Seguiré esforzándome
hasta
alcanzar la cima,
hallar un paso,
hacer un túnel,
o simplemente quedarme donde estoy
y transformar la montaña
¡en una mina de oro!
¡con la ayuda de Dios!

A continuación Walter Burke me dio esta extraordinaria información: —Años atrás, cuando estudiaba ingeniería aeronáutica, nos enseñaban que ningún aeroplano podría romper jamás la barrera del sonido. En primer lugar, el avión tendría que ser tan grande y pesado que no podría elevarse en el aire.

Sonriendo, continuó su relato: —Más aún, nuestros profesores nos aseguraron que si, por alguna remota posibilidad, la tecnología futura transformara en obsoletos los actuales problemas imposibles, y pudiera construirse un avión que se desplazara a mayor velocidad que el sonido, aún sería imposible, porque cualquier objeto que excediera dicha velocidad, se haría pedazos.

No es necesario decirle a mis lectores cuán falsas eran esas ideas; si no fuera por personas como Walter Burke que buscan soluciones y que creen que todas las cosas son posibles, todavía estaríamos en la era subsónica.

"Hay una solución para cada problema", escribí en mi libro *Move Ahead with Possibility Thinking*. Poco tiempo después hablaba por teléfono con una señorita en un colegio del Este del país, que había leído esas palabras y me llamó con desesperación para decirme que tenía un problema insoluble. —Doctor Schuller—

me dijo con su juvenil voz partiéndosele de llorosa emoción, —quería alcanzar el título máximo en química. La había llamado a su despacho el jefe del departamento quien le informó que vio su nombre en la lista de los que fueron aplazados en química orgánica y quería saber qué había ocurrido. Lloró histéricamente del otro lado de la línea. Cuando se recobró, me dijo: —Doctor Schuller, dice usted que hay una solución para todo problema, ¡pero no le veo solución alguna a este problema! Faltan solamente tres semanas para terminar el semestre y si fracaso una vez más ¡estaré liquidada!

Yo tenía clara conciencia de mi ignorancia sobre este tema, de modo que silenciosamente oré pidiendo la dirección de Dios. Cuando la muchacha terminó de hablar, le dije: —Mira, vuelve y dile al jefe del departamento que necesitas obtener nota excelente en este curso. Dile que toda tu carrera depende de ello. Dile que estás dispuesta a hacer cualquier cosa, dentro de tus códigos legales y morales, para lograr esa nota. ¡Pídele que piense en cualquier otra posible manera en la cual puedas triunfar!

Hizo exactamente como le sugerí que hiciera. Su profesor de química la escuchó y se emocionó profundamente por su dedicación, su sinceridad y su firme determinación. —Te diré lo que puedo hacer— le dijo. Dejaré pendiente tu calificación. A fines del primer semestre puedes prepararte con un maestro particular y rendir tus materias a principios del segundo semestre. Te daré dos pruebas, que abarcarán el examen final en este curso. Sacaré el promedio de las dos pruebas y ésa será tu nota para el curso.

Con lágrimas de esperanzas y alegría, atravesó a todo correr el terreno de la Universidad, voló hasta el segundo piso, tiró sus libros sobre la cama y tomó el teléfono para contarme las buenas nuevas. —Hay esperanzas— gritó. Luego contrató los servicios de un maestro particular. Se concentró, formuló todas las preguntas que creyó necesarias, resolvió los problemas día tras día, hasta que después de seis días de repaso concentrado, el rompecabezas tomó forma en su mente. Comenzó a resolver problemas que tres semanas antes le hubiera resultado imposible solucionar.

A las dos semanas del segundo semestre rindió la primera de las dos pruebas y obtuvo un sobresaliente. Una semana después rindió su examen final y logró una nota excelente. Hoy su promedio académico total, en química orgánica, es excelente.

El principio más importante en una filosofía productora de éxitos para resolver problemas, puede resumirse en seis palabras: *Nunca creamos que hay problemas insolubles.* Aún cuando tengamos la sensación de que hay un problema imposible de resolver, no se deje dominar por este sentimiento negativo. Hagamos lo que hagamos, *nunca demos rienda suelta verbal a una emoción negativa.* Si lo hacemos provocaremos una confusión en nuestro subconsciente. Daremos pie a nuestras dudas. Daremos alas a nuestro temor y desconfianza. Antes que nos demos cuenta veremos nuestros sueños pisoteados bajo el peso de pensamientos de imposibilidades que destruirán hasta los últimos vestigios de nuestras metas.

¡Cuidado con los especialistas en pensamientos negativos!

Debo advertir a mis lectores de la más peligrosa y destructiva fuerza de la tierra. Es el *especialista en pensamientos negativos.* Por el hecho de ser un especialista estamos siempre tentados a creer en él a pie juntillas ¡y a renunciar! Impresionados por la posición autoritaria que sustenta, nos inclinamos a creer en lo que dice sin más ni más. ¡Oímos, no por nuestros oídos, sino por su prestancia!

Un especialista en pensamientos negativos es alguien tan bien informado, adiestrado y experimentado en una materia dada que si nunca ha sido exitosamente lograda antes, él lo sabrá y no dudará un

instante en decírnoslo. Luego, con toda la altivez autoritaria de un brillante *esnob* intelectual, enumerará todas las razones, reales o imaginarias, por las cuales
nunca fue exitosa, convenciéndose primero él y luego
convenciéndonos a nosotros, que todas sus palabras
son prueba acabada que la idea es totalmente irreal,
increíble, ridícula, inimaginable e imposible. De esta
manera bloquea el progreso, obstruye el desarrollo,
ahoga la creatividad, detiene los pensamientos progresistas y demora durante meses, años o décadas todo
posible avance.

*Busquemos y aferrémonos a los especialistas
en imaginar posibilidades*

Un experto imaginador de posibilidades, cuando se
ve enfrentado a un nuevo concepto, que sabe que
nunca ha sido encarado exitosamente, se entusiasma
hasta el delirio por lo que él considera una gran oportunidad de demostrar su espíritu pionero. Se siente
estimulado por la oportunidad de descubrir nuevas soluciones a viejos problemas, utilizando el crecimiento
de una nueva era para plantar un hito histórico. Convencido que tiene que haber una manera de superar
las dificultades aparentemente insuperables, se estimulan sus facultades creadoras para lograr asombro-
sos resultados. Utilizando modernas y avanzadas téc-
nicas de investigación, logra probar que algunas de
las causas aceptadas desde antaño para explicar los
errores pasados eran, en realidad, errores de juicio
o de criterio en el que incurrieron inteligentes investigadores que carecían de los medios, de la destreza
o del conocimiento con que hoy se cuenta.

El imaginador de posibilidades experto descubre
muchas veces que las causas estipuladas de tales fracasos, no son estrictamente causas sino síntomas que
bloquearon las facultades intelectuales del investigador y le impidieron continuar la búsqueda de la verdad. Como investigador ingenioso, el imaginador de
posibilidades, descubre las causas verdaderas, y al

recurrir al cúmulo de informaciones de recientes experimentos exitosos, en campos afines o no afines, logra innovar y dar una solución a un problema previamente insoluble.

Una noche de primavera sonó el teléfono de mi casa.
—¿Es usted el doctor Schuller que escribió *Move Ahead with Possibility Thinking?* —preguntó una voz juvenil. Le dije que sí.

—Tengo que verlo —me dijo la muchacha—. Quiero descubrir si usted es un farsante o no.

Asombrado ante tamaña franqueza y dándome cuenta de que estaba en juego mi reputación, le dije:
—Muy bien, venga a mi oficina mañana por la mañana y la veré un momento entre un compromiso y otro.

A la mañana siguiente mi secretaria susurró por el intercomunicador: —Hay una joven aquí de nombre Bárbara Bassínger, que quiere verlo. Dice que le habló anoche por teléfono y que usted le dijo que viniera.

—Sí, así es. Hágala pasar.

La puerta se abrió y pude contemplar el más asombroso y extraño dispositivo que jamás vi. Sentada en una silla de ruedas estaba una joven envuelta en un enmarañado mecanismo de metal y cuero. Una red de correas de acero y de cuero se ajustaba a sus pies, rodeaba sus tobillos y se unían a tiradores fijados a sus rodillas. Los tiradores, a su vez, se prolongaban con bandas de acero a lo largo de sus muslos que estaban fijados a un cinturón abdominal de metal. Dos ojos brillantes me espiaban desde una máscara también fabricada de cuero y de acero. Levantó la mano y observé que unas correas de metal sostenían ambos brazos.

—¿Sorprendido? —me preguntó con una voz risueña.

—Debo admitir que nunca he visto algo igual —le respondí.

—Soy una paralítica cuadripléjica cerebral —explicó—. Cuando niña los especialistas les dijeron a mis padres que jamás podría caminar y que no progresaría en la escuela. Crecí creyendo eso hasta que escuché las palabras "...si tuviereis fe como un grano de mostaza diréis a este monte: Pásate de aquí allá, y se pasará; y nada os será imposible". (*Mateo* 17:20.) Hallé un médico que era un especialista en pensar en términos positivos y le pregunté si no podría idear un dispositivo que me permitiera caminar. Antes de que respondiera le dije: —Si coloca una banda de acero entre mis tobillos sujetaría mis piernas. Si estira mi cabeza con una abrazadera de metal que rodee mi cuello y la mantiene firme con barras de hierro atornilladas a una plancha metálica pectoral, y si coloca bandas metálicas entre mis brazos para mantenerlos fijos...El médico me escuchó atentamente y esto es lo que hizo. Creí que le interesaría verlo.

Quedé de una sola pieza. Sentí por ella una inmensa pena, hasta que comenzó a hablar de nuevo. —Doctor Schuller, tengo buenas noticias que darle: ¡PUEDO CAMINAR! Con un rechinar de cuero y un chirriar de hierros, se levantó de su silla de ruedas y caminó por la pieza. Luego volvió a su silla y orgullosamente me informó: —Acabo de obtener mi Licenciatura en Artes en la Universidad Estatal de San Diego.

Miremos a nuestro alrededor y hallaremos alguien que conoce o ha oído de alguien que es un gran imaginador de posibilidades. Aferrémonos a tal persona o a su ejemplo inspirador, cuando nos enfrentemos a obstáculos que parecen insuperables.

Cómo desarrollar una filosofía de certeza para la solución de problemas

1. *Detectemos los problemas.* Seamos los primeros en detectar los problemas, y nos transformaremos en líderes. El liderazgo es de aquellos que piensan de antemano, mirando el futuro. El líder detecta problemas que habrán de plantearse de aquí a varios años,

mucho antes que los demás ni siquiera sospechan de la posibilidad de tales problemas. También hace un prolijo análisis de todo posible problema, junto con una detallada lista de soluciones y bien pensadas recomendaciones de alternativas.

Un imaginador de posibilidades no ignora los problemas cuando con todo entusiasmo somete sus ideas a consideración de los demás. Sabe perfectamente bien que en toda idea hay fallas. Se pregunta sin cesar qué hay de malo en una idea, no con la actitud de quien quiere boicotearla, sino con la actitud de quien quiere vitalizar a dicha idea. Imaginando cuidadosamente las respuestas a dar ante posibles objeciones, se anticipa a los problemas antes que se planteen. Un líder responsable es el hombre que sabe detectar bien los problemas. Como líder de la iglesia procuro prever los problemas que se plantearán dentro de cinco, diez y veinte años.

2. *Anticipar los problemas*. Si estamos a la cabeza de una organización y dicha organización no tiene ningún problema, estamos enfrentados a un gran problema. El no tener problemas puede ser un serio problema. Con mucha frecuencia significa que no progresamos, o que no progresamos con la suficiente rapidez; o no pensamos en términos de grandeza. El crecimiento va siempre de la mano con las dificultades. "¡Hay de los reposados en Sion!" (*Amós* 6:1.)

"Necesitamos grandes problemas para garantizar la permanencia de nuestro equipo de ingenieros", decía Walter Burke. "Si no les ofrecemos grandes desafíos se irán a una empresa más agresiva que la nuestra."

Una organización que no amplía sus metas ni desafía a su personal, perderá sus hombres más enérgicos, dinámicos, entusiastas y brillantes que sobresalen cuando mayores son los problemas. Esta es la razón por la cual todo ejecutivo máximo sabe que la empresa debe crecer y progresar permanentemente, o morir. Las grandes metas mantienen unidos a los grandes hombres. Recordemos esta regla: los obstáculos que impiden el crecimiento y bloquean las metas deben ser quitados a cualquier precio, pues de lo contrario se plantan las semillas del deterioro y de la muerte en la persona, organización, empresa, comité o institución. La muerte comienza cuando los problemas casi se solucionan. La renovación llega cuando surgen nuevos problemas que exigen soluciones creadoras.

3. *¡Bienvenidos los problemas!* Consideremos todo problema como una oportunidad. León Shimkin, presidente del directorio de la gran editora Simon y Schuster, dice: "No tenemos problemas en nuestra organización; sólo oportunidades."

El problema (oportunidad) pudiera ser el impulso que necesitamos para remodelar, reacondicionar, reorganizar, reestructurar, reordenar o reubicar. Las personas, las tradiciones, las organizaciones y las instituciones firmemente enraizadas en sus gastados sistemas tradicionales, por lo general deben enfrentarse a enormes problemas antes de pensar en cambiar. Cada problema es una oportunidad para ver algo.

¿Cómo hace un líder para convencer a los demás de las bondades de una idea? En primer lugar señala la existencia de un problema existente o que habrá de plantearse en el futuro. En segundo lugar dramatiza el problema. En tercer lugar carga las tintas emocionales. En cuarto lugar lo agranda al problema, señalando que el ignorarlo no será la solución sino que, por el contrario, lo agravará. En quinto lugar, sugiere todas las posibles soluciones, dejando la mejor alternativa —su idea— para el final. Luego señala que la solución nunca será más fácil ni económica (la que logra verdaderos resultados positivos) que en este momento. Por supuesto que regula cuidadosamente el momento adecuado para revelar su solución. Sabe que si espera hasta que el problema se complique podrá vender una idea mayor aún. También sabe que si se apura demasiado sólo venderá una reparación, hablando en términos mecánicos. Si espera un poquito más podrá vender un repuesto. Con un poco de paciencia podremos vender un par de pantalones en lugar de un remiendo. Todo líder, todo vendedor, todo ejecutivo-jefe sabe que sin contar con verdaderos problemas jamás podrá progresar.

4. *Nunca permitamos que los problemas nos impidan tomar decisiones correctas*. El fijar las metas, ajustándonos a un claro sistema de valores, nos permite tomar rápidas y precisas decisiones. Las decisiones siempre las tomamos en base a lo que sabemos es lo más correcto. *No debemos esperar, para tomar una decisión* hasta ver la solución a todo problema o problemas, más bien que posibilidades, y hasta que hayan asumido un liderazgo sobre nuestras vidas. El hecho de no vislumbrar soluciones a los problemas no nos otorga el derecho de tomar decisiones equivocadas. Y si no tomamos una correcta decisión resulta obvio que habremos tomado una decisión equivocada.

Nunca debemos confundir solución de problemas con toma de decisiones. Como ya lo señalamos anteriormente en la iglesia, —empresa no lucrativa y orientada hacia el servicio a los demás— planteamos grandes interrogantes en la etapa de toma de decisiones: —¿Ayudará a la gente que sufre? —¿Será algo grande para Dios? —¿Hay otros que lo están haciendo? Estos son los interrogantes que corresponden a la toma de decisiones. En esta etapa de toma de decisiones no entramos a considerar los interrogantes que se relacionan específicamente con la etapa de la solución de los problemas. Esos interrogantes que se refieren a la solución de los problemas incluyen, entre otros, cuánto costará el proyecto, de dónde obtendremos el dinero, quién hará el trabajo, de dónde sacaremos el tiempo y la energía.

El tratamiento de esos interrogantes que corresponden a la solución de los problemas es prematuro y fuera de la cuestión en una reunión inicial de toma de decisiones. Las decisiones, después de todo, nunca las adoptaremos en el entendimiento de que todos los problemas son solucionables. Las decisiones las habremos de tomar en base a los dictados de nuestra conciencia, a obligaciones, a principios, a determinada política, al honor personal o colectivo. Si es lo correcto ¡decidamos afirmativamente!

Si logramos entender claramente la diferencia que hay entre tomar decisiones y solucionar problemas, nos ahorraremos un gran drenaje de energía creadora. Las personas que no se resuelven porque son incapaces de imaginar soluciones a los problemas que enfrenten, pierden una enorme cantidad de energía debido a sus indecisiones. ¡Las indecisiones son cansadoras y tediosas!

¡Ahorrémonos la energía mental que perdemos en prolongados y confusos debates! Al tomar una decisión correcta liberamos un enorme poder creativo que nos permite desarrollar al máximo nuestra capacidad para lograr novedosas soluciones a los problemas.

Hagamos una doble verificación de los así llamados problemas. Podrían ser, más bien, indecisiones. No contemos con que Dios nos facilite las soluciones a difíciles problemas en tanto no le hayamos demostrado a él que tenemos la fe suficiente para tomar decisiones correctas.

5. *Analicemos con esmero nuestros problemas*. De la misma manera que existe el peligro de confundir decisiones con problemas, así también existe el problema de confundir síntomas con problemas. Le ocurre a veces aun a los expertos.

Un pastor de una iglesia evangélica se quejaba porque disminuía su congregación. —¿Cuál es su mayor problema?— le pregunté. —La carencia de un equipo de personas capacitadas— respondió. Entablamos la siguiente conversación.

Dr. Schuller. ¿Por qué no cuenta con personal capacitado?

Pastor. Los costos aumentan y la congregación disminuye.

Dr. Schuller. ¿En que proporción creció el año pasado su membresía con relación a las metas fijadas para aumentarla?

Pastor. No nos fijamos metas de crecimiento y no hubo un aumento.

En realidad el pastor tenía solamente dos problemas. Uno de ellos era la ausencia de metas de crecimiento. El otro, básico, era un déficit de líderes imaginadores de posibilidades. Todo lo demás, lo que el pastor consideraba problemas, eran simplemente síntomas. Le aconsejé que se fijara metas de crecimiento, que se transformara en un fabricante de decisiones, y se lanzara a la tarea de resolver los problemas que obstaculizan el crecimiento de su iglesia.

Hoy día esa iglesia comienza a tomar nueva vida. Después de analizar la situación en más de dos mil iglesias en los Estados Unidos de América, no he hallado una sola que tuviera reales problemas económicos. En todos los casos el problema consiste en la falta de ideas creativas.

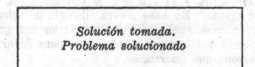

Solución tomada.
Problema solucionado

6. *Organicémonos para deslindar y solucionar los diversos aspectos o partes constitutivas de un problema.* De pie, en el "segundo piso" del laboratorio espacial de MacDonnell-Douglas, quedé maravillado ante el uso increíblemente eficiente del espacio. El guía que me acompañaba mencionó el extraordinario número de problemas "insolubles" que se les plantearon en este

primer laboratorio científico tripulado por tres personas que hubo que enviar al espacio.

—¿Cómo solucionaron tantos problemas complejos? —le pregunté al señor Burke. Su respuesta contiene principios universales que podemos aprovechar y utilizar: "No importa cuán grande sea el problema, debemos desmenuzarlo al máximo en sus partes constitutivas, y solucionar cada parte separadamente, y luego disponer todas las partes solucionadas como las piezas de un rompecabezas.

7. *Contratemos o pidamos la colaboración de personas más capaces que nosotros.* Si nos cuesta solucionar nuestros problemas, busquemos a otros para que nos ayuden. Recordemos: a mayor desafío mayor problema y mayor nuestra probabilidad de lograr la ayuda de sobresalientes expertos imaginadores de posibilidades.

Si nuestro problema es un problema común, será fácil hallar la solución. Otros lo han hecho. Si, por el contrario, nuestro problema es único en su género, que se plantea por primera vez o es el más intrincado en su campo de acción, debemos asegurarnos la colaboración de los hombres más talentosos del mundo.

"El éxito", según Walter Burke, "depende de no echarse atrás, y el fracaso, de echarse atrás demasiado pronto." En base a esta filosofía de solucionar los problemas, analicemos algunos de los más grandes problemas que tenemos que resolver para llegar a ser la persona que queremos.

CAPITULO 4

CONFIANZA EN UNO MISMO: ¡LOGRARLA! ¡USARLA! ¡MANTENERLA!

Un muchacho inmigrante holandés anhela llegar a ser jugador de béisbol de primera división. Se imagina estar en el sitio correspondiente al lanzador. A los 19 años de edad está allí, en los umbrales de su sueño.

Una mujer mexicana de 22 años de edad, madre de dos niños, a quien abandonó su marido, se encuentra de pronto en una extraña ciudad llamada Los Angeles. No habla otro idioma que el castellano y todos sus bienes materiales consisten en siete dólares que tiene en su monedero. Decide luchar por sus hijos y comenzar una nueva vida para ella. Cree que lo puede hacer ¡y lo hace!

¿Qué tienen de común estas dos personas? Una autoimagen positiva. Una fuerza creadora de milagros que se llama autoconfianza. Ellos las tienen y todos la necesitan. Si no la tenemos podemos adquirirla. Ella nos abrirá la puerta a un asombroso futuro.

La falta de confianza en uno mismo es uno de los cuatro principales factores responsables de nuestros fracasos y que debemos superar para llegar a ser la persona que queremos ser. Créanme cuando les digo que hasta las montañas se derriten ante una persona confiada y segura de sí misma.

Dijo Henry Ford: "Piensa que puedes, piensa que no puedes; en ambos casos tendrás razón." Seamos cuidadosos al imaginar lo que queremos ser. Una abundante evidencia científica abona la tesis de que la imagen mental que un individuo tiene de sí mismo, más que ningún otro factor, es la que fija los límites extremos de sus posibilidades. Sabemos ahora que el cerebro humano, como un intrincado sistema de guía automático, dirigirá nuestra vida hacia la concepción de la autoimagen mental con que alimentamos dicho sistema. El subconsciente actuará en favor o en contra de nosotros. La determinación es nuestra según alimentemos el sistema con sueños de plenitud o limitaciones derrotistas. Cuando entendemos y aplicamos esta ley, se producen cambios revolucionarios en la personalidad humana. Las personas que han creído, que han actuado de acuerdo a esa creencia y que han aplicado esta ley de la autoimagen sicológica, han visto milagrosamente alterados hábitos profundamente enraizados, normas fundamentales de comportamiento y aún talentos y capacidades.

—¿Qué quieres ser cuando seas grande?— le pregunté a Bert Blyleven, de trece años de edad.

—Un jugador de béisbol —me respondió con decisión el holandesito. Pocos años atrás había emigrado de los Países Bajos a América, junto con su padre y seis hermanos y hermanas. No bien llegaron ocuparon todos los domingos uno de los bancos de mi iglesia.

—Ese es un sueño maravilloso, Bert —le dije—. Cree en él y un día será realidad.

Cinco años después se graduó en el secundario.

—¿Qué vas a hacer ahora, Bert? —le pregunté.

—¡Jugar al béisbol! —me contestó confiadamente.

Antes de terminar el verano jugaba en uno de los equipos de la segunda división del Medio Oeste. Al llegar el invierno Bill Rigney, director técnico del Minnesota Twins, andaba a la búsqueda de "jovencitos" de segunda división, en los campos de entrenamiento de Florida.

—¡Ese Bert Blyleven tiene algo! —le dijo a un íntimo amigo mío. El verano siguiente Bert se destacaba nítidamente en la segunda división cuando recibió una llamada telefónica de larga distancia.

—Bert Blyleven, habla Bill Rigney. Quiero que tomes el próximo avión y vengas a Washington, D.C. Necesito verte.

Con eso terminó el enigmático llamado.

¿Qué quería Rigney? Con toda seguridad no pensaba tomar un recién graduado del secundario, con apenas un año de experiencia en equipos de segunda división, e incorporarlo sin más ni más en las divisiones superiores.

El monumento a Washington se destacaba con nitidez al acercarse el avión al aeropuerto. El adolescente holandesito abrió tamaños ojos al salir del avión en la ciudad capital del país de su adopción.

—¡Hola, Bert! ¡Bienvenido a Washington!—. Era Bill Rigney.

—¿Para qué me llamó? —preguntó el ambicioso jovencito.

—Bert —le dijo Rigney mirándole fijo en los ojos— tengo un problema.

Luego de una pausa continuó:

—Louis Tiant se ha lastimado un hombro y necesito urgentemente un lanzador. Te he observado cuidadosamente.

El corazón de Bert latía a más no poder. —¡Bert! —le dijo sin más ambages el director técnico del Minnesota Twins— he decidido ponerte mañana por la noche como lanzador cuando enfrentemos al equipo de Washington. ¿Te animas?

—¡Sí, señor! Trataré de hacerlo —respondió con su juvenil voz pletórica de confianza y seguridad.

—¡Espero que Bill Rigney sepa lo que está haciendo! El muchacho tiene sólo 19 años. Es el más joven de los jugadores que juegan en una división superior —acotó un fanático de los de Minnesota. Bajo la luz brillante del enorme estadio entró en calor el joven y pecoso holandés. Súbitamente los compases del himno nacional llenaron el aire mientras se izaba en el mástil la enseña patria. Los labios de Bert se movieron, pero no salió sonido alguno. A continuación se produjo el mágico anuncio: —¡Juego! Se había hecho realidad el sueño de Bert Blyleven.

Este era el momento que había soñado toda su vida. Miles de ojos estaban fijos sobre él. Los locutores radiales compartían estos emocionantes momentos con los ansiosos aficionados que escuchaban en Minnesota. Bert arrojó su primera pelota.

—¡Strike! —gritó el árbitro. —Ball. —Strike. —Ball. —Ball.

Estando 3 a 2 el novicio lanzador se afirmó, trató de captar una señal del catcher, estiró su brazo apretando la pelota y la lanzó como un balazo. Un estampido, como si fuera de un rifle, se oyó en el estadio cuando el bateador veterano, un "peso pesado" del equipo de Washington, respondió al lanzamiento crucial.

El joven Bert giró en su sitio para ver la blanca pelota que se elevaba a las nubes como un avión a chorro hasta que cayó más allá de la cerca, señalando un jonrón.

Pudo haberlo devastado. En lugar de ello una vocecita le susurró: —Muy bien, Bert, tú lo puedes hacer. Tienes la "pasta" necesaria; demuéstraselo a todos. Si no lo haces, te colgarán el sambenito de los perdedores. Esta es la oportunidad para probar lo que vales. Con toda calma enfrentó al próximo bateador.

—Strike-out —gritó el árbitro cuando el número dos en el orden de los bateadores no conectó con la pelota lanzada en brillante curva. —¡Strike-out!

Bert habría de escuchar esas maravillosas palabras una y otra vez, cuando por siete entradas asombró a la multitud con un brillante debut. Estaba en camino de una brillante carrera.

Imaginándonos nuestra ruta al éxito

Imagineración podríamos denominar el proceso mental por el cual nos vemos a nosotros mismos como triunfadores. He visto personalmente las asombrosas proezas logradas por personas que se dieron maña para solucionar problemas de producción, por el simple expediente de imaginar que tendrían éxito.

Al terminar el primer ciclo del año lectivo en el Azusa Pacific College, en Azusa, California, los mejores y más brillantes estudiantes recibieron sus diplomas de Bachilleres de Arte. De ese pequeño y selecto grupo de estudiantes sobresalientes, había tres que se destacaban nítidamente. Uno era un hombre de color, otro era un indígena y otra una ciega con un bastón blanco. El hombre de color, el indígena y la ciega se graduaban *magna cum laude*. Los tres figuraban en el catálogo de *Quién es quién en los colegios y universidades americanos*. No me cabe la menor duda que los tres pudieron haber sido miserables fracasados. Podrían haber adoptado una actitud cínica y negativa, echándole la culpa de sus fracasos a una niñez desventajosa o a una sociedad prejuiciada. Sin embargo, estos tres alcanzaron la cima. ¿Por qué? ¿Cómo? ¿Qué es lo que determinó la diferencia?

Después del acto hablé con la ciega y le pregunté:
—¿Cuál es tu secreto?

Con una cara radiante, las borlas del gorro académico meciéndose de un lado a otro, me explicó su fe:
—Mi secreto radica en un versículo bíblico que aprendí años atrás. Citó la sentencia cargada de poder de Filipenses 4:13: "Todo lo puedo en Cristo que me fortalece."

Cierta gente logra que sus desventajas sean las verdaderas víctimas, en tanto otras son víctimas de sus desventajas. El hombre de color, el indígena y la ciega tenían una cosa en común. Creían en el poder de Jesucristo para cambiar sus vidas y sus condiciones. Cuando creemos en Jesucristo, comenzamos a creer que con él podemos superarnos. ¡Y podemos alcanzar la cima!

Cuatro cualidades dinámicas caracterizan
al triunfador seguro de sí mismo

Imaginación. La persona segura de sí misma se imagina que es la persona que quiere llegar a ser. No tiene en cuenta su condición actual.

Entrega. Tan grande es su anhelo de que sus sueños se transformen en realidad, que la persona segura de sí misma se entrega totalmente a la consecución de sus metas. Es una entrega incondicional y no negociable. Es incalculable el poder de una persona totalmente entregada y comprometida.

Afirmación. Primero imaginar. Luego comprometerse. A continuación afirmar la certeza del triunfo. Expresemos verbalmente nuestro pensar positivo. Será una gimnasia que fortalecerá la seguridad y confianza en nosotros mismos. Al mismo tiempo hará que otros crean en nuestro eventual éxito. Y ahora ocurre algo maravilloso: A medida que los demás comiencen a creer en nosotros, querrán ayudar, lo cual añade nuevos impulsos propulsores a nuestra confianza en nosotros mismos.

Jamás cejar. ¡Nunca, nunca, nunca, debemos darnos por vencidos! La paciencia y la persistencia son las supremas cualidades de los que han triunfado por haber confiado en sí mismos. Derrota y fracaso son conceptos heréticos que ni siquiera habremos de considerar.

¡PUEDO! ¡Eso es confianza y seguridad en uno mismo! Bien dirigida y canalizada, la seguridad y confianza en uno mismo se transforma en el auténtico poder del Todopoderoso Dios que se agita, palpita, pulsa y vibra con una fuerza espiritual electrizante hasta lo más recóndito de la personalidad humana y que transforma a las personas indiferentes, inanimadas y apáticas en dínamos inspirados e inflamados que impulsan sus vidas a cimas de grandeza.

Puedo: el vocablo más poderoso de nuestro vocabulario

"Puedo", dijo Cyrus W. Field cuando el proyecto de colocar por primera vez un cable en el Océano Atlántico fue considerado por todos como una loca y fantástica idea.

"Puedo", dijo Tracy Barnes cuando la gente más preparada sabía con certeza que era imposible un vuelo transcontinental en globo, a lo ancho del territorio de los Estados Unidos de América. Luego de 4.827 kilómetros y cinco meses de vuelo logró hacerlo, desde San Diego, en California, a Villas en Nueva Jersey. Flotando en medio de caprichosos e impredecibles corrientes de aire, pasó por emocionantes y peligrosas experiencias. Se estrelló contra un pico montañoso a 160 kilómetros al Este de San Diego y pasó tres días en un hospital con un esguince de columna. Se perdió en las montañas rocosas y durante tres días no pudo establecer contacto con la tripulación de tierra. Varias veces el globo chocó contra árboles con las demoras consiguientes. Aterrizó cerca de Pittsburgh.

Pero no todo era escabroso y arduo para el aeronauta de 27 años de edad. Deliberadamente descendió hasta el fondo del Gran Cañón del Colorado, fijó la barquilla de mimbre y el globo y se puso a nadar en el río Colorado. De Nebraska a Pittsburgh soplaba una brisa. —Espléndido —dijo Barnes. El viaje duró el doble de lo calculado, debido a vientos desfavorables y a los numerosos accidentes.

"Puedo", dijo Birt Duncan. Como niño negro del sur, abandonado, fue arrojado de un hogar adoptivo a otro. Recuerda que vivió con más de trece familias desde Arkansas a Mississippi. Muchas veces, debido a su desnutrición, se dormía en las clases de la escuela. No obstante todo ello logró doctorarse en sicología en la universidad de Princeton y está a punto de terminar sus estudios para graduarse de médico en la Universidad de California, en San Diego.

—Lo que realmente importa no es el color de la piel, que sea blanca o negra —asegura Birt Duncan. —Mucho más importante es el color de nuestro pensar. ¿Rojo?, ¿Verde? Pensemos en términos de verde, en el verde de la señal luminosa del tránsito, del semáforo. El verde nos dice ¡adelante! No podemos controlar el color de nuestra piel, ¡pero podemos determinar el color de nuestro pensar!

"Puedo", dijo Romana Bañuelos. Contaba tan sólo 16 años de edad cuando contrajo matrimonio en México. Dos años más tarde y con dos hijos a cuestas, se divorció y trabajó por un dólar diario en una lavandería de El Paso.

Oyó decir que le iría mejor en California, de modo que con siete dólares en su monedero tomó un ómnibus a Los Angeles.

Comenzó como lavaplatos y trabajó en cuantos lugares pudo, ahorrando el máximo. Cuando logró reunir 400 dólares instaló, juntamente con una tía, una pequeña fábrica de tortillas con una máquina especial y una moledora que colocó en una vitrina en el frente de la casa. Cuando la tía quiso retirarse del negocio, Romana compró su parte.

Los productos mexicanos alimenticios de Romana llegaron a constituir la empresa mayorista de alimentos mexicanos más grande de la nación, con un beneficio bruto de cinco millones de dólares anuales y con un personal que supera los trescientos empleados.

A Romana se le puso entre ceja y ceja elevar el nivel de los mexicano-norteamericanos. Llegó a la conclusión de que necesitaban su propio banco. Ayudó a fundar el Banco Nacional Panamericano del Este de Los Angeles para servir a dicha colectividad. Las reservas del Banco superan los 22 millones de dólares, siendo el 86 por ciento de los depositarios de origen latinoamericano.

"Puedo", dijo Romana cuando los especialistas en pensar negativo le aseguraron que los mexicano-norteamericanos no podían fundar un banco.

—No están capacitados para un proyecto de esa envergadura. No lo pueden hacer.

Impávida e impertérrita, encabezó un comité que contrató los servicios de tres abogados que redactaron los estatutos para el nuevo banco.

—Inauguramos el banco en un acoplado, pero el principal problema que se planteó fue venderles acciones a la comunidad. La gente carecía de fe en sí misma. Yo iba personalmente a pedirles que compraran acciones pero me respondían: —Pero, señora de Bañuelos, ¿qué le hace creer que podemos tener un banco? Ya hemos tratado de hacerlo antes, durante diez a quince años, pero el proyecto siempre fracasó. No somos banqueros.

¡Hoy el banco es uno de los más dinámicos y prósperos del sector Este de la ciudad de Los Angeles!

Alguien le preguntó a la señora de Bañuelos cuál era la principal causa que mantiene sumergidos a tantos mexicano-norteamericanos. Respondió que muchos de ellos todavía creen la mentira que se les dijo de que constituían una raza inferior.

Mi primera infancia transcurrió en México ¡y nadie jamás me hizo creer esa mentira! ¡Estoy orgullosa de mi estirpe mexicana!

Hoy en día Romana Bañuelos ha alcanzado nuevas cumbres de éxito. ¡Fue escogida por el Presidente de los Estados Unidos como decimotercera tesorera de los Estados Unidos de América!

Esperemos más de nosotros mismos

No sólo los mexicano-norteamericanos sino mucha otra gente queda reducida al nivel de su expectativa. Si de nosotros esperamos poco o nada, no debemos sorprendernos del bajo nivel que alcanzamos.

Es posible que acusemos un complejo de inferioridad porque una sociedad orgullosa y prejuiciada nos ha mentido sobre nosotros. Tal vez nuestro nivel escolar fue bajo y sacamos la conclusión de que no somos inteligentes. ¡No lo creamos! Es posible que hayamos tenido una mala maestra.

En un reciente artículo del *Reader's Digest*, el sicólogo de la Universidad de Harvard, Robert Rosenthal, se preguntaba: "¿Es posible que algunos niños no rindan en las escuelas, en la medida de lo deseado, porque los maestros esperan que ello ocurra? Si así fuera, conjeturaba Rosenthal, si se elevara el nivel de miras del maestro se elevaría también el rendimiento de los niños. Se dispuso probar su teoría en las clases. En una escuela se hizo un test de capacidad con alumnos desde el jardín de infantes al quinto grado. En septiembre después de haberse evaluado los tests se les dio a los maestros, como de paso y sin asignarle importancia, los nombres de cinco o seis niños de cada clase designados como "talentosos y con una excepcional capacidad para el aprendizaje".

Lo que los maestros no sabían era que los nombres fueron tomados al azar antes de realizar los tests. La diferencia entre esos pocos escogidos y los demás niños existía sólo en la imaginación de los maestros.

Los mismos tests tomados al finalizar el año lectivo reveló que los "talentosos" estaban muy por encima de los demás niños, habiendo adelantado de 15 a 27 puntos en su índice de capacidad. Sus maestros los describieron como niños más felices que los demás, más curiosos, más afectivos, y con mayores posibilidades de triunfar en la vida. Como es obvio, el único cambio fue un cambio de actitud. En razón de que los maestros fueron inducidos a esperar más de ciertos niños, esos niños esperaron más de sí mismos.

"La explicación radica, probablemente, en una sutil interacción entre maestro y alumnos", afirma Rosenthal. "El tono de la voz, la expresión facial, la actitud y la prestancia, podrían ser los medios por los cuales —a menudo inconscientemente— comunican sus expectativas a sus alumnos. Tal comunicación puede ayudar a un niño cambiando su percepción de sí mismo."

El doctor Floyd Baker, miembro de la Iglesia *Garden Grove*, es un profesor de física. Recientemente escribió un ensayo para su doctorado en física. Contiene una esclarecedora confesión:

Inicié mi carrera docente en el año 1960 y llegué munido a ella con una serie de actitudes respecto de la instrucción y de la interacción entre estudiante y maestro. Ahora, mirando retrospectivamente, me doy cuenta de mi pésima actitud hacia los estudiantes y sus motivaciones. Recuerdo que les decía al comienzo de cada semestre: "Tienen que aprobar este curso o tendrán que cambiar de materia. Yo soy el UNICO que enseña en esta clase, de modo que les conviene rendir al máximo. No me gusta la gente que no estudia, de modo que ¡presten atención y eleven su eficiencia! Yo les doy el material y todo lo que ustedes tienen que hacer es aprender. Además quiero decirles de antemano, que alrededor del 50 por ciento de ustedes no aprobará. Cada uno de ustedes debe velar porque ello no ocurra." Como pueden ver, les daba a mis alumnos una formidable confianza. Asombrosamente mis predicciones siempre se cumplieron ... el 50 por ciento fracasaba ... año tras año. Nos reuníamos con otros profesores ante una taza de café y nos reíamos ante el número de los que abandonaban nuestras clases. Solíamos decir que el mejor maestro es el que provocaba el mayor abandono de alumnos. Ahora reconozco que esa era una pésima actitud. Más o menos en esa época mi esposa y yo nos unimos a una iglesia muy dinámica. Los pastores eran entusiastas y predicaban notables sermones. Todas las semanas, al asistir a la iglesia, sentía la enorme necesidad de pensar en términos positivos y con entusiasmo en todo lo que hacía. Descubrí que siempre se recibe más cordialmente a las personas cuando adoptan una actitud positiva al visitar o hablar con los demás. Sin embargo, mi problema era cómo inspirar y entusiasmar a mis alumnos.

Los pastores insistían en que la solución de los problemas se obtenía con la oración y la lectura de la Biblia, capítulo tras capítulo, libro tras libro. Llegué a 1 Corintios 13 y hallé la clave. De ahí en adelante Cristo habitó en mi vida y de pie, frente a mi clase les dije a mis alumnos: "Quiero que todos y cada uno de ustedes apruebe esta materia. Mi tarea será que así sea. Sé que no es nada fácil, pero si trabajamos juntos cada estudiante de la clase puede pasar y aprender muchísimo." De ahí en adelante hubo un nuevo ambiente en la clase y agradezco a Dios y a Cristo por ello. Los que abandonaban y fracasaban, antes de que Cristo morara en mi clase ascendía a un 50 por ciento. Pero cuando apliqué esta nueva técnica positiva, con la cooperación de los estudiantes, *¡todos los alumnos aprobaron!* Uno de ellos obtuvo un 5 de calificación, otro un 6 y los demás entre 7 y 10, ¡Y NUNCA CAMBIE NI UN APICE MI SISTEMA DE CALIFICACION!

Recordemos lo que dijo Goethe: "Tratemos a la gente como si fueran lo que debieran ser y les ayudaremos a que sean lo que son capaces de ser."

Dios cree en nosotros, ¡y Dios no puede equivocarse!

El mendigo estaba sentado en la acera de enfrente de un estudio de un artista. Desde una ventana el pintor bosquejó el rostro de esa alma derrotada y desesperada, con algunos cambios importantes. En los opacos ojos puso el brillo de un soñador inspirado. Estiró la piel del rostro del hombre para darle el aspecto de una voluntad de hierro y de una tremenda determinación. Cuando terminó el retrato llamó al pobre hombre para verlo. El mendigo no se reconoció a sí mismo. —¿Quién es? —preguntó al artista que sonreía suavemente. Luego, al sospechar que vio algo de él en el retrato, dudando un poco preguntó: —¿Soy yo? ¿*Puedo ser yo*?

—Es así como yo lo veo —replicó el artista. Enderezando sus hombros el mendigo respondió: —Si ese es el hombre que usted ve ¡ese es el hombre que seré!

Dios nos mira y ve una hermosa persona que espera nacer. Si pudiéramos ver por medio de una visión al hombre que Dios quiere que seamos, nunca más nos quedaríamos quietos. Nos levantaríamos y trataríamos de triunfar.

Nos dicen que las hormigas nacen con alas, que las usan y conocen la gloria y la dicha inenarrable de volar, y que luego se las arrancan deliberadamente, y escogen vivir como insectos que se arrastran por la tierra. ¡Eso es lo que eligen cuando Dios les ha dado el inmenso imperio del aire! ¡No cometamos el error de apreciarnos en menos de lo que valemos!

¡Lo que podemos hacer!

¿De modo que nunca hemos logrado ser algo? ¿Somos un don nadie? ¿Estamos presos en una mazmorra mental de autocondenación y autoflagelación? ¡Rompamos las ataduras! Es tan fácil como repetir A-C-E.

A. Afirmar: —¡Otros lo pueden hacer...otros lo están haciendo, también lo puedo hacer yo!

C. Creer: —¡Dios tiene prevista una mejor vida para mí!

E. Escoger: —¡Debo librarme de las hipnotizadoras fuerzas negativas que me aprisionan!

La Bastilla llegó a ser el símbolo de una tiranía total. —Es inexpugnable —aseguraban todos. Y todos lo creyeron. Un día las pobres almas aprisionadas llevadas a la desesperación, no pudieron aguantar más. Enloquecidas, tomaron por asalto la fortaleza en lo que parecía ser un vano intento. Con asombro descubrieron que la guarnición contaba solamente con treinta guardianes. ¡Cayó en sólo cuatro horas! ¡Había ocurrido lo imposible! ¡Había caído la Bastilla!

Durante años creímos que jamás podríamos librarnos y triunfar. ¡Pero podemos hacerlo! Es tan fácil como el A-C-E.

Cómo se logra la confianza en sí mismo

1. Los siquiatras pueden ayudarnos. Si la imagen que tenemos de nosotros mismos es tan negativa que acariciamos ideas suicidas, debemos consultar al siquiatra. Un análisis en profundidad puede ayudar para descubrir experiencias dañosas de nuestra primera infancia. Pero a toda costa debemos consultar a un siquiatra que tiene fe. En la ciudad de Nueva York hay una clínica siquiátrica religiosa relacionada con la Iglesia *Marble Collegiate*. Hay una clínica subsidiaria en la costa occidental, en la *Torre de Esperanza* en el *campus* de nuestra Iglesia de *Garden Grove Community*.

2. A veces las exterioridades pueden obrar como estimulantes para promover la confianza o seguridad en uno mismo. En tanto algunas personas necesitan ayuda profesional para lograr la confianza en sí mis-

mos, para otros es suficiente simples exterioridades
o apariencias. En *The Devil's Advocate* (El abogado
del diablo), Morris West habla de un individuo que
con el sencillo expediente de colocarse un clavel en el
ojal de la solapa de su saco ¡enfrentó al mundo con
toda confianza! Otros obtienen el mismo resultado
con el corte de su cabello. Tal vez para uno de nosotros un traje nuevo obre el milagro. Es posible que
unos pocos kilogramos menos de peso nos den la
seguridad que nos falta. La cirugía plástica, informó
Maxwell Maltz, hizo que muchos pacientes que se
sentían degradados se transformaran en personas ob-
sequiosas y cumplidas.

¡Pero debemos recordar que éstas son exterioridades materiales! Deben dar a la confianza en nosotros
mismos el necesario impulso; sin embargo, una confianza y seguridad permanentes en nosotros mismos
debe contar con raíces espirituales más profundas si
ha de sobrevivir al otoño y al invierno de nuestro
viaje por la vida.

3. La gente que nos inspira puede hacer maravillas
al dar vida y vigor a la confianza en nosotros mismos. Debemos buscar la amistad y rodearnos de gente
que nos ayuden a construir nuestra autoestimación.

A un famoso astro de ópera se lo invitó a dar un
concierto en la Opera de París, que se llenó al tope
de entusiastas admiradores. Instantes antes de comenzar la función el administrador se presentó en el
escenario y anunció: —Lamentamos informar al res-
petable público que el cantante que esperaban escuchar
esta noche ha sufrido un súbito ataque de laringitis
y no podrá cantar. Se levantó del auditorio un mur-
mullo de decepción. —Sin embargo —continuó el administrador—, me place presentarles un nuevo cantante
que es una verdadera promesa, y que cantará para
ustedes esta noche. El desconocido cantor cantó su
primera selección en forma magistral. Cuando terminó lo recibió la gélida quietud de un auditorio de-

silusionado. ¡Nadie aplaudió! El oscuro auditorio era frío y se mostraba insultantemente callado. De pronto, de una de las galerías superiores, se escuchó nítidamente la entusiasmada voz de un niño: —Papá, ¡me parece que has cantado maravillosamente bien!

Y entonces ocurrió lo inesperado. ¡Atronadores aplausos desde todos los ámbitos del teatro!

El presidente Teodoro Roosevelt se enorgulleció de que sus tres primeros hijos anunciaran su intención de enrolarse en el ejército. Pero cuando su cuarto hijo decidió hacer lo mismo aquel hombre duro e indómito se resistió: —No todos mis hijos —exclamó.

Su esposa le contestó: —Ted, si has criado y educado a tus hijos como águilas, no esperes que vuelen como gorriones.

El autor y dramaturgo William Saroyan sintió por primera vez seguridad en sí mismo a la edad de trece años. Acababa de comprar una máquina de escribir. Su querido tío abuelo Garabad le visitó poco tiempo después.

—Hijo mío, ¿qué es ese artefacto?

—Una máquina de escribir, señor —contestó el muchacho.

—¿Para qué sirve?

—Para escribir con claridad, señor.

William le mostró una página escrita.

—¿De qué trata esta escritura?

—De sentencias filosóficas.

—¿De quién?

—Mías, señor.

El viejo sabio estudió lo escrito y luego se lo devolvió a su sobrino, diciéndole: —Sigue adelante, pues no es imposible caminar sobre el agua.

—Entonces supe que podía hacerlo —recuerda William Saroyan. La confianza y seguridad en sí mismo, suficientemente fuerte para durarle toda una vida, nació en aquel instante.

4. Ser animoso y resuelto estimula a las personas a correr el riesgo de fracasar al hacer algo de su propio coleto y es otro de los ingredientes necesarios para lograr la confianza en sí mismo.

La seguridad en sí mismo no se puede comprar ni enseñar: ¡hay que apropiarse de ella! Nos la apropiamos cuando nos arriesgamos y triunfamos.

> *Actuar con buen ánimo consiste en*
> *hacer algo con más ahínco que nunca*

A un kilómetro y medio de mi oficina en la iglesia de *Garden Grove Community*, en California, se levanta Disneyland, un país de ensueño. Pocas personas tuvieron tanta certeza en el éxito de la empresa como su fundador, Walt Disney. ¿Cómo logró hacerlo?

—Poco antes de cumplir 21 años de edad supe de mi primera bancarrota —recordaba Disney poco antes de morir. —Dormía sobre almohadones en un viejo sofá y comía arvejas directamente de un tarro de conservas. Entonces me fui a Hollywood. Al reflexionar en su tremendo éxito posterior, el gran genio de la meca del cinematógrafo dejó para la posteridad esta inapreciable afirmación: —No sabía qué es lo que no podría hacer, de modo que decidí arriesgarme a hacer cualquier cosa.

A Walt Disney le encantaba contar la historia del muchacho que ansiaba incorporarse al desfile del circo. Cuando el circo llegó a la ciudad, el director de la banda necesitaba un trombonista, y el muchacho se ofreció. No habían marchado más que pocos metros cuando los horribles sonidos que salían del instrumento crearon un verdadero pandemonio. —¿Por qué no me dijiste que no sabías tocar el trombón? —preguntó el director de la banda. El muchacho respondió simplemente: —¿Cómo iba a saberlo si jamás traté de hacerlo antes?

Probemos con algo pequeño

Es lo mismo que aprender a caminar. El niño da un primer paso tambaleante y luego otro más. De la misma manera afirmamos nuestra propia seguridad si comenzamos con pasos cortos y, a medida que tenemos éxito, los agrandamos.

Entiendo que de esa manera se construyó el puente colgante sobre el Niágara. Primero elevaron una cometa sobre las turbulentas cataratas. A la cometa le ataron un hilo, al hilo una soga y a la soga un cable. ¡Y de esa manera, paso a paso, se construyó un puente extendido sobre el abismo!

Comencemos con cosas pequeñas y triunfemos. Triunfemos en el sitio donde estamos y luego ampliemos nuestros horizontes. "Esfuércense donde están", decía sabiamente Edward Barret. Booker T. Washington expresaba lo mismo cuando decía: "Baja tus baldes en tu propio predio."

El plan de Dios para nuestras vidas

El mejor y más seguro camino a la confianza en uno mismo es descubrir y luego ejecutar el plan que Dios ha dispuesto para nuestras vidas. Ahora mismo Dios nos revela dicho plan. Estimula nuestra imaginación al leer las páginas de este libro. Ha comenzado a obrar en nuestras vidas. ¡Asegurémonos que Dios termine lo que comenzó! "Porque Dios es el que en vosotros produce el querer como el hacer, por su buena voluntad." (*Filipenses* 2:13.)

"Estando persuadido de esto, que Dios es el que comenzó en vosotros la buena obra, la perfeccionará..." (*Filipenses* 1:6.)

Lawrence Welk * publicó años atrás su autobiografía *Wunnerful, Wunnerful*. Su inspirador y exitoso relato trae a mi memoria el versículo bíblico: "Como el águila incita a volar a sus polluelos extendiendo las alas y revoloteando sobre ellos." (*Deuteronomio* 32:11, versión Tores Amat.)

A veces Dios permite que diversos problemas nos sacudan para poder sacarnos del hoyo o del bache en que nos encontramos, y hacernos transitar por el hermoso camino que ha dispuesto para nosotros. Lawrence podría haber pasado el resto de su vida trabajando como granjero en Dakota del Norte, si no le hubiera ocurrido algo "horrible". Era un muchacho que pisaba los umbrales de la adolescencia cuando despertó una mañana gravemente enfermo. En el hospital más cercano, a 120 kilómetros de su casa, descubrieron que se haba perforado su apéndice. A consecuencia de ello se produjo una peritonitis. Colocaron un tubo de goma en la herida operatoria para drenar el líquido inflamatorio. Los febriles días se prolongaron en aterradoras semanas. Milagrosamente sobrevivió. Durante los largos meses de convalescencia y recuperación en la granja familiar, comenzó a tocar en el viejo acordeón de su padre.

Comenzó a creer en un plan divino para su vida. "Me pareció que Dios me había dado una segunda oportunidad en la vida y oré para que él dirigiera mi vida de la manera que más le pluguiera."

El resto del relato es historia conocida. Visualizó lo que quería. Lo actualizó. Obró en consecuencia. Sus sueños se hicieron realidad. Lo mismo podemos hacer nosotros.

¡Pintemos mentalmente un retrato del *nuevo yo*! Hemos de cambiar. Ya estamos cambiando. Seremos las personas que siempre quisimos ser. Creamos esto.

---

* Famoso director de orquesta.

Ahora descartemos todas las antiguas imágenes mentales que teníamos de nosotros mismos. Esos retratos negativos pertenecen a la historia. Reemplacémolos con el retrato que soñamos para el futuro, de la persona que queremos llegar a ser.

Los programadores de computadoras tienen una expresión, en su propio argot, llamada "Gigo", que significa Entra basura-Sale basura. Si alimentamos la computadora con basura el resultado será siempre basura. Si alimentamos nuestra mente con imágenes de fracaso, sin duda alguna fracasaremos. Si, por el contrario, alimentamos la pantalla de nuestra imaginación con imágenes de éxito, ¡es seguro que triunfaremos!

Es lo que ocurre a nuestro alrededor todos los días. Personas impedidas, defectuosas, desilusionadas, aprenden a cambiar sus vidas, sus futuros, sus destinos. Ahora nos toca a cada uno de nosotros dejar de fracasar y comenzar a triunfar. Descubramos cuáles son los mejores programas que Dios nos tiene reservados para nuestras vidas. Somos hechura de Dios y Dios solamente sueña sueños hermosos. Espera de nosotros grandes cosas. ¡Colaboremos! Creamos en nosotros mismos, AHORA, y calculemos nuestras posibilidades.

CAPITULO 5

JUGAR Y GANAR EL JUEGO DE IMAGINAR POSIBILIDADES

Analicemos los progresos logrados:

1. Hemos comenzado a fijar ciertas metas en nuestra mente.

2. Hemos adquirido una actitud positiva para resolver los problemas que se plantean.

3. Hemos logrado confianza y seguridad en nosotros mismos. ¡Sabemos que podemos hacer lo que nos proponemos!

Ahora estamos en condiciones de compartir un valiosísimo secreto. Es la clave de la creatividad, que solucionará el segundo problema en importancia: cómo llegar a ser una persona verdaderamente creativa. De no desarrollar el arte de pensar en términos de creatividad, nuestros sueños explotarán como pompas de jabón.

Si logramos ser creativos y nos damos maña para desarrollar nuestra inventiva, ¡entonces sí que nuestros sueños se harán una maravillosa realidad!

¿Es un don o es un arte la creatividad? ¿Es o no es un talento inherente a nuestra personalidad? ¿Será una hábil manera de pensar al alcance de cualquier persona? Hay evidencias cada vez más numerosas que se inclinan por lo último.

El doctor Edwin H. Land, el inventor de la cámara Polaroid, ha hecho experimentos con este fenómeno de la creatividad. Hizo que algunos obreros manuales, no especializados, trabajaran a la par de personas creativas, especialistas en investigación. El doctor Land informó que es asombroso la manera en que los obreros no especializados se transformaron en poco tiempo en obreros con mentalidad creativa.

Entre las millones de células que componen nuestro cerebro, hay miles de brillantes pero adormecidas células que esperan ser despertadas, desatadas y puestas en servicio activo. Si descubrimos la manera de estimularlas, quedaremos asombrados de nuestra brillantez e inteligencia.

Hay una hábil técnica que cualquiera puede aprender para estimular estas células dormidas. Nos transformará en notables pensadores creativos y asombraremos a los que creían conocernos bien, con una increíble capacidad para crear, inventar e innovar.

A esta técnica le hemos dado el nombre de *Jugar el juego de imaginar posibilidades*. ¡Todos pueden aprender a jugar este nuevo juego! ¡Es gratis! ¡Es divertido! ¡Es fructífero! ¡Es simple! ¡Es desafiante! ¡Es excitante! ¡Es recompensante! ¡Revolucionará el futuro de quien lo practique!

No nos dejemos impresionar por el vocablo "juego". Ese vocablo nos habla de enormes fuerzas liberadoras de creatividad. Sabemos que la creatividad entra en juego cuando la mente se halla totalmente relajada. Una persona empeñada en resolver un problema puede luchar sin éxito durante largas horas y luego darse por vencido. En la semipenumbra del alba se despierta con el problema brillantemente solucionado.

Así ocurrió con Paul Fisher, que inventó la notable pluma con la cual escribo este libro. Comprendió la necesidad de un bolígrafo que pudiera escribir en el cielorraso, al revés, sobre papel engrasado y bajo el agua. Nunca se había hecho semejante cosa. Todos los bolígrafos escribían atentos a la ley de la gravedad. Gastó un millón de dólares y meses de trabajo en su intento. Un día se despertó a las tres de la mañana, habiendo resuelto el problema que permitió el invento de este bolígrafo. Los astronautas usaron el bolígrafo de Fisher en su viaje a la luna. Cumplió con los requisitos exigidos por la NASA para un instrumento hermético, de larga duración, antigravitatorio y que pudiera escribir en el espacio exterior.

Una relajación total logra eliminar el bloqueo subconsciente a la creatividad, lo cual permite que los conceptos inteligentes inunden con luz brillante la mente consciente. El fallecido arquitecto Richard Neutra, a quien se recuerda como uno de los hombres más creativos de este siglo, produjo sus mejores obras entre las cuatro y siete de la mañana. Su subconsciente estaba totalmente relajado a esa hora del día.

Al escribir estas palabras estoy a bordo de un barco, en una travesía en el Pacífico Sur. Mares tranquilos, nubes que flotan libremente, y el relajante sonido del agua y del barco quitan toda tensión y presión de responsabilidad. Las ideas creativas fluyen rápida y libremente como agua de manantial.

Sentado a la suave luz del sol en la cubierta, estoy rodeado de gente. Me doy cuenta que no seré molestado por interrupciones intencionales. Un pasajero podrá detenerse a charlar. Esto no creará tensión alguna porque la interrupción no involucrará responsabilidades. En mi *hábitat* habitual descubrí que las ideas fluían libremente cuando me ponía a salvo de enojosas interrupciones cargadas de responsabilidad.

El anticipar interrupciones cargadas de presiones produce suficiente tensión como para bloquear toda posibilidad creadora. En mi país he descubierto que obtengo mis mejores ideas cuando estoy solo en mi automóvil o volando en un avión. En esas circunstancias no puedo ser interrumpido por el teléfono, el telégrafo, el timbre de la secretaria o un golpe dado a la puerta. ¡Esto explica también el hecho de que tanta gente logre sus mejores y más brillantes ideas sentada en los bancos de la iglesia! También revela la razón del por qué las horas más tempranas del día son las que más rinden. Durante esas horas están ausentes las tensiones generadas por la expectativa de posibles interrupciones. Sabemos que nadie nos molestará a las cinco de la mañana, por lo cual estamos totalmente relajados. También estamos libres de las tensiones que recogemos a medida que avanzan las horas. El vital llamado telefónico, la carta, alguien que nos visita, generan tensiones. Al terminar cada día estamos como el barco en que hice mi crucero. Arribó tarde a varios de los puertos. ¿Por qué? Porque ha navegado durante un año sin habérsele quitado ciertos crustáceos que se adhieren al barco debajo de su línea de flotación y que se reproducen rápidamente formando capas de incrustación suficientemente gruesas como para aminorar la velocidad del navío en dos nudos por hora. De modo que el rápido fluir mañanero de los pensamientos creativos se ve lentamente aminorado por el peso de las experiencias colectoras de tensiones a medida que se aproxima el mediodía. Alguna mala noticia, un rechazo, una contrariedad bastan para incrementar las tensiones hacia el mediodía al anticipar nuevas dificultades.

La creatividad está en relación directa con una total relajación. El solo enunciado del vocablo "trabajo" produce una tensión generadora de presiones. El trabajo significa responsabilidad. Esto implica una contabilidad que, a su vez, produce una tensión subconsciente que bloquea las facultades creadoras. La palabra "juego" sugiere ausencia de toda responsabilidad y contabilidad; entraña un espíritu deportivo que implica correr una carrera con los riesgos habi tuales (dentro de límites de seguridad). En razón de ser solamente un juego, nuestra mente subconsciente se relajará ¡porque nos consta que no somos vulnerables!

Consideremos como discurre la mente frente a una "actitud de juego":

1. *Al correr un riesgo:* ¡No existe el *temor* al fracaso! —Si pierdo...es solamente un juego. Nos animamos a pensar en términos de audacia. Esta es la liza donde se efectúan todos los progresos.

2. *Al superar un récord:* Esta actitud mental hace que pensemos en términos de grandeza, que nos afanemos más y que pongamos en juego todas nuestras facultades, como nunca lo hicimos antes. Adoptamos un estado de ánimo mediante el cual habremos resuelto uno de los mayores problemas generadores del bloqueo a la creatividad, es decir, *pensar con mayor grandeza que nunca.* Casi siempre la inventiva que permite la solución a todos los problemas es así de simple. Gastar más dinero. Contratar más gente. Formar una nueva organización. Viajar más lejos. Telefonear a ese experto en Europa, *etcétera.*

3. *Al estar libre de todo compromiso:* Desde el momento en que no pasa de ser un juego, podemos abandonarlo en cualquier momento sin arruinar nuestra reputación. Estamos libres de la tensión subconsciente generada por el temor de vernos envueltos en algo que sospechamos puede ser una trampa que nos obligue a contraer responsabilidades. Pero como es solamente un juego, nos relajamos totalmente, dada esa ausencia de responsabilidades.

Generemos un clima mental conducente a la creatividad

La palabra "posibilidad" es otra de las claves del éxito de esta fórmula. La misma palabra crea un clima mental conducente a la creatividad. Con sólo pensar que algo puede ser posible comenzamos a liberar células cerebrales creativas que estaban encerradas en la invisible prisión de subconscientes mecanismos defensivos. Para entender el poder cibernético de esta palabra, analicemos su antónimo, esa mala palabra de nueve letras, "imposible". Cuando se la pronuncia en voz alta, esta palabra tiene efectos devastadores. Dejamos de pensar. No se progresa más. Las puertas se cierran. Bruscamente se detiene la investigación. Se boicotean futuros experimentos. Se abandonan los proyectos. Se descartan los sueños. Las mejores y más brillantes células cerebrales se zambullen, se esconden, se enfrían y se meten en algún oscuro pero seguro rincón de la mente. Por medio de esta maniobra defensiva, el cerebro se protege contra las dolorosas punzadas de agresivos desengaños, brutales rechazos y destruidas esperanzas.

Alguien pronuncia las mágicas palabras "es posible". Esas estimulantes palabras, cual clarinada triunfal, penetran en los tributarios subconscientes de la mente, desafiando y ordenando a esos orgullosos poderes a que se hagan presentes y a que cesen en su acción. Resucitan antiguos sueños. Se avivan las incipientes chispas de nuevos entusiasmos y estallan en ígneas llamas. Proyectos archivados vuelven a tener vigencia. Se reabren antiguos y polvorientos archivos. De nuevo se prenden las luces en laboratorios largamente oscurecidos. De nuevo suenan los teléfonos. Las máquinas de escribir reinician su sinfonía. Se revisan y adoptan presupuestos. Se cuelgan carteles con la inscripción "Se ofrece trabajo". Se equipan con nuevos elementos y se reabren las fábricas. Aparecen nuevos productos. Se abren nuevos mercados. La recesión ha llegado a su fin. Nace una nueva era de aventura, de experimentación, de expansión y de prosperidad.

Juguemos ahora el juego de imaginar posibilidades.
He aquí sus reglas

Comencemos por creer que tenemos en forma latente dones de creatividad. Hemos de respetar, confiar y admirar nuestros propios pensamientos. Todo el mundo puede ser creativo.

El antiguo hotel El Cortez, en San Diego, California, tenía un problema. Necesitaba, a toda costa, otro ascensor para servir el nuevo comedor instalado en la azotea. Se consultó a ingenieros y arquitectos. Se formularon planes. Podría hacerse, diagnosticaron, atravesando todo el edificio, anulando habitaciones en todos los pisos, construyendo nuevas columnas asentadas sobre cimientos hundidos en el subsuelo. Era una costosa y poco satisfactoria solución.

En tanto los expertos discutían el proyecto, un empleado del hotel alcanzó a oír las conversaciones. Le preocupaba el polvo y la tierra que habría por todos lados durante el período de construcción. Temerosamente se dirigió a las elegantes autoridades y les espetó: —¿Por qué no instalan el ascensor fuera del edificio?

¡Nadie había pensado en eso! Hoy la jaula de cristal se eleva por el exterior del edificio, permitiendo a los pasajeros una maravillosa vista al puerto mientras ascienden al techo del hotel. Este sistema ha sido imitado y copiado en todo el mundo, pero fue el primero en su tipo.

¿Estamos listos a jugar a este juego? Lo podemos hacer solos. Sin embargo, resulta mucho más dinámico si nos juntamos con otros entre los que haya por lo menos un imaginador más de posibilidades que pueda concebir toda clase de maneras serias (o ridículas) de hacer que los sueños imposibles se hagan realidad.

Acordemos, de antemano, que habremos de permitir a nuestra imaginación que corra por donde quiera. Nuestros principios éticos serán las únicas limitaciones que habremos de imponer a nuestra imaginación. Para comenzar escribamos de uno a diez en una hoja de papel blanco. Invitemos a los participantes a soñar diez distintas maneras de alcanzar una meta en particular o de resolver un problema o de hacer que un sueño imposible entre en el ámbito de lo probable. Recordemos que todo vale. Mientras más loca sea la idea, mejor.

Al visitar un amigo en Japón, hice un comentario algo petulante. —Creo que en el Japón tendría mucho éxito una auto-iglesia, al estilo de los autocines.

Me miró extrañado.

—La idea cumpliría las exigencias del test que aplicamos para determinar la practibilidad o no de un proyecto —dije seriamente, y las anuncié:

1. ¿Es una idea práctica? ¡Sí! Posibilitaría que mucha gente, que nunca iría a una iglesia tradicional, participara de un culto en su automóvil...

2. ¿Es una idea que marcará rumbos? ¡Sí! Nunca se hizo antes. Lograríamos miles de dólares en publicidad.

3. ¿Es una idea inspiradora? ¡Sí! ¡Sería una hermosura audiovisual!

4. ¿Es una idea excelente? ¡Sí! ¡Superaría a todas las demás instalaciones religiosas tanto en tamaño como en servicio!

Al llegar a este punto yo me había entusiasmado tanto que me puse de pie de un salto y exclamé: —Ted, ¡hagámoslo!

—Es imposible Bob —me dijo, y añadió: —Cuatro hectáreas y media de terreno aquí, costarían cinco millones de dólares.

Quedé turulato.

Siguió hablando: —Tú sabes tan bien como yo que es imposible que una iglesia logre semejante cantidad de dinero para pagar ese precio.

—Muy bien, Ted, sabemos que es imposible. Finjamos que, de alguna manera, pudiera ser posible. Juguemos el juego de imaginar posibilidades. ¿Listo?

Nos reímos. ¿Cómo podría una iglesia sin miembros lograr un préstamo de cinco millones de dólares para comprar un terreno? Escribimos mentalmente una lista de maneras posibles: Hallar un donante que contribuyera con cinco millones de dólares. Hallar cinco donantes que contribuyeran con un millón de dólares cada uno. Expresamos verbalmente estas posibilidades algo ridículas e irreales, y arribamos a una tercera alternativa: Lograr que un millón de personas, de todas partes del mundo, donaran cinco dólares cada una. Contratar los servicios de una agencia publicitaria. Poner avisos honestos, alentadores y emotivos para entusiasmar a los cristianos de Inglaterra, Alemania, Holanda, Canadá y América a suscribir la idea del Club de un Millón de Miembros. Una bien dirigida campaña promocional que costara 250.000 dólares, daría resultado. Luego habría que lograr las direcciones de toda la gente que en el mundo dona dinero para la obra misionera. Eso también daría resultados positivos. Al enumerar en voz alta los distintos aspectos del plan, pusimos en acción las más inteligentes células de nuestros cerebros. Ellas nos dieron la cuarta idea: establezcamos una corporación de cristianos. Que ellos compren las cuatro hectáreas y media. En doce mil metros cuadrados las más prestigiosas firmas japonesas pueden construir, para sus oficinas, tres edificios de 33 pisos. Además se haría un centro cultural músico-treatral, para la comunidad, reservando, en el contrato de arrendamiento, el uso de dicho centro cultural para las actividades de la iglesia los domingos por la mañana. Por último, buscar un punto estratégico entre Tokio y Yokohama. Podría ser. Realmente es factible.

¡Una vez más dio resultado el juego de imaginar posibilidades! Tratemos de jugarlo nosotros. Apliquemos ese juego para encarar cualquier problema, sea grande o pequeño. Pero ajustémonos estrictamente a las siguientes reglas:

1. *Aceptemos escuchar*. Con un oído sintonizado para captar las posibilidades, escuchemos esas extrañas, maravillosas y creadoras ideas que se nos insinúan en lo más recóndito de nuestra mente. ¡Tengamos el coraje de expresarlas, a todas ellas! No importa cuán locas pueden parecer. No puede preocuparnos que alguien se ría de nosotros. Debemos recordar que, después de todo, no es más que un juego. Esta regla a la cual han accedido a ajustarse todos los jugadores, exige que todos y cada uno de los participantes escuche con el máximo de honestidad, cada una de las ideas sugeridas. Ninguna idea debe ser desdeñada, despreciada, desairada o escarnecida como una sugerencia imposible.

2. *Debe importarnos*. Este juego de imaginar posibilidades debe tener un objetivo básicamente serio. Tiene que haber una profunda preocupación interior que nos impulsa a jugar y no abandonar. Si el juego lo jugamos procurando imaginar diez maneras posibles de ganar un millón de dólares, cuando en realidad no nos interesa ganar esa suma, no entrarán en acción las células cerebrales creativas. Sólo cuando la mente subconsciente cree con toda intensidad que el proyecto, objeto del desafío que nos doblega, es tremendamente importante, podrán despertar a una conciencia creadora los escondidos poderes que yacen adormecidos en las oscuras regiones del inconsciente. El juego de imaginar posibilidades engendrará serias, nuevas y excitantes ideas si a las mentes que participan del juego, realmente les importa.

Cierta vez, durante una discusión de mesa redonda, se le preguntó al notable cirujano Norman Shumway, pionero de los trasplantes del corazón, si cabía la posibilidad de construir un corazón artificial.

—Imposible —contestó. Y explicó: —Requeriría una fuente generadora de poder permanente e infalible. Para poner fin a la cuestión, declaró: —Si tuviéramos esa fuente no tendríamos necesidad de cargar con nafta los tanques de nuestros automóviles. Y ese comentario efectivamente puso fin a la cuestión, pues ninguno de los miembros del panel se atrevió a opinar en contrario. El resto de la discusión se redujo a las posibilidades de evitar el rechazo de los cuerpos extraños.

Semanas después mencioné el problema de construir un corazón artificial a dos de mis asociados, y decidimos jugar el juego de imaginar posibilidades en procura de resolver esta imposibilidad. Desafiamos a nuestra imaginación para que surgieran diez maneras distintas de solucionar el problema. Para nosotros no pasaba de ser un juego. No obstante ello, lo tomamos muy en serio, pues sabíamos que la invención de un corazón artificial, de ser posible, significaría un avance inapreciable en beneficio de la humanidad. No recuerdo todas las sugerencias que escribimos, pero sí recuerdo una de ellas: ¿Por qué no colocar la fuente motriz fuera de la caja torácica y alimentarla con baterías intercambiables? Dos baterías de reserva podrían estar conectadas todo el tiempo para proveer de energía supletoria y como sistema de seguridad. *La urgencia tiene un efecto notoriamente estimulante.*

3. *Debemos plantear grandes interrogantes*. Los participantes del juego acuerdan investigar y plantear interrogantes que desafían a la imaginación. ¡Este es un dato de máxima importancia! Uno de los principales sicólogos de nuestro equipo dijo, en una ocasión: —Casi toda la gente afectada de diversos problemas, que vemos en nuestra clínica han alcanzado un frustrante nivel de desesperación, porque no se formulan los interrogantes suficientemente importantes.

Durante siglos los hombres se habían sentado debajo de un manzano. Soplaron vientos y cayeron manzanas·

Las manzanas golpearon cabezas. Por miles de años fue predecible la reacción frente a esta situación: los hombres se enojaban contra el árbol, el viento o la manzana, o no se enojarían porque estaban hambrientos y en ese caso comerían la manzana, o tendrían otras cosas en mente y rápidamente se olvidarían de esa común circunstancia. Pero un día cayó una manzana sobre la cabeza de cierto hombre. ¿Cuál fue su reacción? Esta vez ese hombre especial, Isaac Newton, reaccionó de manera distinta. Se formuló el gran interrogante: ¿Por qué cayó la manzana y no fue hacia arriba? ¿Por qué *cayó* y no se *elevó* cual pluma al viento?

Un gran interrogante, increíblemente simple, liberó el pensamiento creativo despejando la incógnita que dio por resultado la ley de la gravedad. La curiosidad es la madre de la creatividad de la misma manera que la necesidad es la madre de la inventiva.

He aquí otro ejemplo. En un momento dado todas las estaciones radiales de Nueva Zelanda eran estatales y explotadas por el gobierno. Un conocido mío, Jim Frankham (hijo), de la ciudad de Auckland, junto con un grupo de sus dinámicos amigos imaginadores de posibilidades, llegaron a la conclusión de que el país se beneficiaría con estaciones radiales privadas y publicidad controlada.

—¡Imposible! —se les dijo—. El gobierno jamás lo permitiría.

El gran interrogante: ¿Cómo instalar una emisora radial en Nueva Zelanda sin transgredir la ley?

Una noche esos hombres decidieron jugar al juego de imaginar posibilidades. El que dio en la tecla fue un joven abogado. Instalar un transmisor en un transatlántico, a doce millas de la orilla, fuera de las aguas territoriales, y desde allí transmitir al país. Habían dado en la tecla, sí, pero carecían del dinero suficiente para comprar o alquilar un buque. Nuevamente jugaron al juego. ¿Con qué resultado? Entrevistaron a un adinerado naviero que simpatizó con la idea.

—Les permitiré gratis el uso de uno de mis barcos, a condición de que si logran presionar suficientemente al gobierno para que los autorice a instalar legalmente una radioemisora en tierra firme, yo seré uno de los miembros del directorio.

—Aceptamos— exclamaron todos unánimemente.

Pero ahora se presentó otro problema "imposible". Para sacar el buque del puerto, era necesario una autorización otorgada por el Ministro de Marina. Para colmo de males, el mismo oficial era también el Ministro de Radiodifusión. Estaban seguros que jamás daría la autorización para sacar el navío. Y como Jim y sus amigos eran personas altamente religiosas, ni siquiera se les ocurrió hacer alguna trampa.

—Tratemos, de cualquier manera —sugirió uno del grupo. —¿Qué tenemos que perder? El funcionario escuchó la solicitud de los jóvenes. Su respuesta fue increíble. ¿Habrían escuchado bien?

—Les diré lo que voy a hacer —les dijo—. Les permitiré zarpar. La verdad es que como Ministro de Radiodifusión he pensado últimamente que nuestro país se beneficiaría si permitiéramos incorporar una radioemisora privada con publicidad. ¡Pero no puedo plantear el problema ante las autoridades superiores! Si ustedes comienzan a propalar y lo hacen de manera constructiva al punto de que la misma población presione al Ministerio para que modifique la política que ha sustentado hasta este momento, yo no los voy a boicotear.

Esto que relatamos ocurrió varios años atrás. El barco zarpó y la estación salió al aire desde aguas internacionales. Los neozelandeses se asombraron y luego se alegraron al oír nuevas voces en sus receptores. Respondieron positivamente. Aumentó la presión en favor de las radioemisoras privadas. A los dos años el gobierno cedió y autorizó la primera estación comercial que operó en el país. Ahora hay cuatro emisoras privadas en Nueva Zelanda.

¡Investiguemos! ¡Siempre hallaremos la manera de hacer las cosas!

4. *Innovemos*. Desarrollemos la capacidad de detectar los principios en que se basa el éxito en situaciones afines y, lo que es muy importante, en situaciones *no afines*. Aislemos estos principios, asimilémoslos a nuestra propia situación ¡y nos habremos transformado en verdaderos innovadores!

Este principio fue aplicado por Cyrus McCormick que, sentado en la peluquería, dejó correr su imaginación. El peluquero utilizaba una antigua maquinilla para cortar el cabello. ¿Por qué no usar este principio de cuchilla deslizante en una máquina para segar? —pensó. ¿Cuál fue el resultado? La cosecha manual de avena fue reemplazada por un nuevo invento que se llamó segadora McCormick.

Adoptemos el hábito de detectar y analizar toda operación de éxito. Descubramos por qué funciona. Preguntemos cuáles fueron los principios positivos que se aplicaron. Preguntemos si pueden adaptarse a otras situaciones.

5. *Descontemos el éxito*. Al jugar el juego de imaginar posibilidades está prohibido expresar en voz alta frases anticreativas tales como "Cuesta demasiado", "No tengo con qué comprarlo", "No disponemos del tiempo suficiente", "No contamos con el equipo adecuado", "La ley no lo permite".

Pero si sospechamos que efectivamente existen problemas de dinero, de tiempo o de personal, debemos jugar a juegos separados que hagan a estos problemas adicionales y preguntarnos: —¿De dónde y cómo habremos de obtener el dinero? ¿A quién necesitamos para incorporarlo a nuestro equipo? ¿Cómo resolver el problema tiempo? ¿Cómo hacer para modificar la ley? ¿Cómo disminuir el tiempo y el costo?

Mientras tanto, debemos llegar a la conclusión de que todos los problemas habrán de resolverse. Si el proyecto, la causa, el sueño o la meta es realmente vital, los aparentes obstáculos no harán mella en nosotros. Maniobramos, reconocemos y exploramos. No nos detenemos. Seguimos siempre adelante suponiendo que de alguna manera se abrirá una puerta, vendrá la esperada colaboración, hallaremos la solución al problema, llegará la ayuda, encontraremos el camino.

Si la causa es válida, supongamos que los problemas financieros habrán de solucionarse a medida que avancemos. Al jugar nuestro juego apliquemos la siguiente regla: Hay disponible una cantidad ilimitada de dinero. Pensemos en las ideas que se nos ocurrirían si supiéramos que pudiéramos meter mano en millones de dólares para hacer efectivo nuestro proyecto. ¡Nunca permitamos que en la etapa creativa la falta de dinero interfiera y domine nuestros pensamientos! Si nuestro proyecto vale la pena ¡el dinero entrará a raudales! Millones de dólares ingresan diariamente en las cajas de ahorro en el mundo entero. Este dinero está esperando, ansioso, las grandes oportunidades inversionistas.

Presupongamos que las leyes pueden ser modificadas. Si existen leyes que prohíben hacer lo que proyectamos, contratemos los servicios de un abogado imaginador de posibilidades, o hablemos con nuestros representantes legislativos.

El doctor William Brashears, de Fullerton, California, decidió construir un hermoso centro comercial en una estratégica parcela de cuatro hectáreas y media, localizada en una importantísima encrucijada. Era raro que a nadie se le hubiera ocurrido hacerlo antes pues era, a ojos vista, el sitio ideal para un centro comercial. Al investigar el punto se descubrió la causa de ello. Había un proyecto de utilizar ese terreno para construir allí unas obras fluviales de defensa contra inundaciones, del Estado de California. La ley prohibía edificar por encima de dichas obras fluviales.

—¿Por qué no? —preguntó Bill—. ¿Por qué no podría construirse en lugar de un canal a cielo abierto un túnel para recoger esas aguas? Con los modernos métodos actuales de construcciones podría levantarse una edificación por encima de dicho túnel.

Creyó. Luchó. ¡Ganó! Se modificó la ley. El Brashears Center es hoy una resplandeciente estructura de doce pisos. Por debajo, por un túnel de hormigón reforzado, corren, inofensivamente, las aguas del control de inundaciones.

También debemos dar por sentado que ciertos detalles y dificultades deben ser manejados por expertos, ya sean financieros, técnicos, políticos, legales o sicológicos. Debemos suponer que en este vasto mundo hay alguien, en algún lugar, con un cerebro que nos ayude a triunfar. Presupongamos que contaremos con su ayuda.

Varios jóvenes del Oeste americano decidieron instalar una nueva empresa y sorprendentemente lograron contratar los servicios de un químico mundialmente famoso. El investigador resumió su aceptación de la siguiente manera: —Buscaba un cambio, algo nuevo, joven y desafiante y cuando estos jóvenes me entrevistaron, bueno, me causaron una excelente impresión.

También demos por sentado que seremos capaces de disponer o de redisponer nuestro horario para hacer lo que debemos ejecutar. Si se trata de un programa que aparentemente requiera para hacerlo efectivo un período de cinco años y sólo disponemos de un año para hacerlo, no debemos echarnos atrás. Debemos suponer que nos daremos maña para hacer en cinco veces menos tiempo lo que debemos hacer.

6. *Ahora acerquémonos a Dios*. Dejemos que la Mente Creadora del Universo nos inspire. Wilma Todd nació con una parálisis de origen cerebral y vive en una silla de ruedas. Forma parte de un grupo de amigas

que viven en sillas de ruedas y que formaron un equipo de *bowling*. Se llaman a sí mismas LAS QUE PODEMOS.

—¿Cómo, por amor al cielo, pueden jugar al *bowling*? —le pregunté.

—Anhelábamos tanto jugar al *bowling* que hicimos construir una rampa, y simplemente dejamos que la bola ruede. ¡Es divertidísimo! Wilma se ríe, y añade: —No son las incapacitaciones lo que cuenta sino las capacidades. Todo lo que hace falta es tener fe. Alguien dijo: "La fe es responsabilidad; es mi respuesta a la capacidad de Dios."

Por lo tanto, juguemos al juego de imaginar posibilidades y descubriremos o redescubriremos una maravillosa capacidad de ser verdaderamente personas creativas. Seremos invitados a reuniones para resolver problemas y nos presentarán con las siguientes palabras: —Les presento al hombre que descubrirá la forma de hacer lo que nos preocupa.

EL COMO DE IMAGINAR POSIBILIDADES

CAPITULO 6

ANULAR EL TEMOR
AL FRACASO Y SEGUIR
ADELANTE

¿Recordamos el incidente del barrote en la jaula del tigre? ¡Cuál no sería la sensación de alivio cuando el prisionero logró aflojarlo!

¡Cuidado! En el preciso instante en que surge alguna nueva y emocionante posibilidad, es de esperar que el antiguo enemigo procure retrotraernos a la anterior situación.

Si hemos de llegar a ser la persona que queremos ser, debemos eliminar de una vez por todas el problema denominado *Temor al Fracaso*.

El posible que hayamos soñado soluciones y tengamos ideas creativas, pero en tanto no extirpemos de raíz el Temor al Fracaso, nuestro proyecto jamás entrará en el campo de las realizaciones. Nuestras metas se transformarán en bajíos que harán zozobrar nuestras mejores ideas. En lugar de fomentarnos nos atascarán. Las metas estimulan las aspiraciones de los imaginadores de posibilidades.

Esto pudiera explicar por qué Sigmund Freud, que pensaba en términos negativos, objetaba la fijación de metas. Vio claramente su peligro potencial. Afirmaba que "las metas no alcanzadas generan ansiedades y frustraciones que llevan a la enfermedad". También explica por qué otro siquiatra vienés, Victor Frankl, que pensaba en términos positivos, insiste en la fijación de metas. Ve posibilidades. Afirma que "la falta de metas quita todo sentido a la vida".

¡La verdad es que tanto Freud como Frankl están en lo cierto! No obstante, la solución no está dada por el temor a las metas sino por la eliminación del *Temor* al Fracaso. Si pensamos positivamente, en términos de posibilidades, logramos arrancar el temor de nuestras vidas. Y esto lo hacemos cuando transformamos la fuerza negativa de un fracaso en una fuerza positiva. Lo hacemos cuando redefinimos el significado del fracaso.

Fracaso no significa que somos unos fracasados... *significa* que todavía no hemos tenido buen éxito.

Fracaso no significa que no hemos logrado nada... *significa* que hemos aprendido algo.

Fracaso no significa que hemos actuado como necios... *significa* que hemos tenido mucha fe.

Fracaso no significa que hemos sufrido el descrédito... *significa* que estuvimos dispuestos a probar.

Fracaso no significa falta de capacidad... *significa* que debemos hacer las cosas de distinta manera.

Fracaso no significa que somos inferiores... *significa* que no somos perfectos.

Fracaso no significa que hemos perdido nuestra vida... *significa* que tenemos buenas razones para empezar de nuevo.

Fracaso no significa que debemos echarnos atrás... *significa* que tenemos que luchar con mayor ahínco.

Fracaso no significa que jamás lograremos nuestras metas... *significa* que tardaremos un poco más en alcanzarlas.

Fracaso no significa que Dios nos ha abandonado... ¡significa que Dios tiene una idea mejor!

Con esta definición de fracaso, de ribetes positivos, eliminamos totalmente el fracaso tal cual lo entienden los que piensan en forma negativa. ¡Jamás el fracaso es realmente tal si resulta ser una fuerza directriz y vigorosa! El verdadero fracaso no es nada más que una negativa actitud mental. ¿Se nos ocurre una idea brillante? ¿Tenemos miedo de que no resulte satisfactoria? Anulemos nuestro temor al fracaso dándonos a nosotros mismos el título de "investigador". Luego esforcémonos y rotulemos nuestro intento como un "experimento". ¡Con esos ingredientes es imposible fracasar! Los investigadores y experimentadores jamás fracasan. Siempre logran someter sus ideas a un test para averiguar si darán o no resultados positivos.

Eliminemos de nuestros pensamientos el temor

Una de dos emociones nos dominarán o estimularán: la fe o el temor. ¡Nunca entreguemos al temor el liderazgo de nuestras vidas! Numerosos pasajes bíblicos nos instan a ser valientes. Alguien se tomó el trabajo de contar los versículos de la Biblia donde figura la expresión "no temas" y descubrió que eran 365 versículos. ¡Uno por cada día del año! Veamos algunos de estos llamados a ser valientes:

"No temas... cuando pases por las aguas... no te anegarán. Cuando pases por fuego, no te quemarás... porque yo Jehová... soy tu Salvador." (Isaías 43:1-3.)

"Mira que te mando que te esfuerces y seas valiente; no temas ni desmayes, porque Jehová tu Dios estará contigo en dondequiera que vayas." (Josué 1:9.)

Desde el momento en que a la mayoría, por no decir a todos los humanos, les acomete, en algún momento el temor, ello no significa que esa pasión del ánimo sea algo normal o natural. El estado normal del hombre es el de gozar de buena salud. Lo anormal es la enfermedad. El temor no es una pasión normal, en el sentido de que no proviene de Dios. Proviene de la mente incrédula de los que piensan en términos negativos. Esto lo enseña claramente la Biblia: "Porque no nos ha dado Dios espíritu de cobardía, sino de poder, de amor y de dominio propio." (2 Timoteo 1:7.)

El temor negativo es anormal

El doctor Stanley Jones, una de las más brillantes mentalidades de este siglo, resumió en forma espléndida, lo que acabamos de decir:

> Comprendo que estoy adaptado interiormente para la fe y no para el temor. El temor no es mi tierra nativa; la fe sí lo es. Estoy conformado de tal manera que la preocupación y la ansiedad son arena metida en la maquinaria de mi vida: la fe es el aceite. Vivo mejor en fe y en confianza que en temor, duda y ansiedad. En la ansiedad y en la preocupación todo mi ser jadea en demanda de aire, pues ninguna de las dos son mi aire natural. Pero si respiro fe y confianza libremente, éstas sí son el aire que acostumbro respirar. Un médico del hospital John Hopkins afirma lo siguiente: "No sabemos por qué los que se preocupan continuamente mueren antes que los que no se preocupan, pero ello es lo que ocurre." Pero yo, con mi mentalidad sencilla, creo conocer la razón: estamos estructurados orgánicamente en nervios y en tejidos, en células cerebrales y en alma, para la fe y no para el temor. Así nos hizo Dios. Vivir la vida según los

dictados de la preocupación es vivir en contra de la realidad.

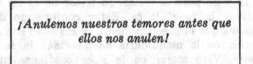

El temor: una fuerza paralizante

No hay ninguna fuerza ni emoción más paralizante que el temor. Impide al vendedor ofrecer su mercadería; al joven pedir la mano de una joven; al que busca un puesto hablar con el gerente; al ejecutivo tomar una decisión fundamental; y al que busca la verdad entregar su vida a Dios.

De todos los sórdidos y lamentables temores humanos, ninguno tan destructivo ni derrotista que el Temor al Fracaso. ¡Arrojemos de nuestras vidas este temor!

¡Anulemos nuestros temores antes que ellos nos anulen!

He aquí cómo

1. Expongamos nuestros temores y nuestros fracasos a la luz de la verdad. El temor medra en la oscuridad. La fe florece a la luz del día. Alumbremos con la luz del entendimiento nuestro Temor al Fracaso y descubriremos el hecho asombroso de que, después de todo, realmente no le tememos al fracaso. Nos imaginamos que tenemos miedo de fracasar, pero no es así. Lo que realmente tememos es que si fracasamos nuestros amigos y nuestros iguales se reirán o

se apartarán de nosotros. El temor al fracaso no pasa de ser el temor a afrontar una situación embarazosa o provocar el abandono de nuestros allegados. ¿Pero por qué tener miedo de ese supuesto abandono? Después de todo somos más que capaces de cuidarnos de nosotros mismos.

¿Por qué, entonces, tenemos miedo? Porque el temor al abandono es el temor a la pérdida de nuestra estimación, de nuestro amor propio. Tememos la vergüenza. *De modo que el temor al fracaso no pasa de ser un producto de nuestra imaginación.* ¡Tememos perder nuestra dignidad, el respeto hacia nosotros mismos! Recordemos que nadie rechaza al que pierde luchando. Durante años los *New York Mets* fueron el hazmerreír del mundo beisbolístico. Pero sus simpatizantes los admiraban, a pesar de todo, porque les constaba que hacían todo lo posible por ganar. Finalmente, en 1969 los Mets ganaron la Serie Mundial. La fe de sus simpatizantes se vio recompensada.

Las ratas abandonan el barco que se hunde. Los amigos que nos abandonan por haber fracasado nunca fueron verdaderos amigos. Hay una sabia sentencia que reza así: "Un verdadero amigo es el que se arrima cuando todo el mundo se retira." La mejor gente es la que apresuradamente se acerca al perdedor sincero y le pregunta: —¿De qué manera puedo ayudarte? —Esa gente admira nuestro buen espíritu, nos palmea en la espalda, y nos dice, como un sincero cumplido: —¡Eres una regia persona!

Tendremos un buen concepto de nosotros mismos cuando comprobemos con cuántos maravillosos amigos contamos. Recordemos que un fracaso honesto no es una vergüenza; que sí lo es la falta de fe; y que la cobardía es vergonzosa.

¡La actitud realmente indigna es cuando tratamos de hacer algo porque nos asusta la posibilidad de tener que trabajar más, sacrificarnos más o comprometernos demasiado! Cuando probamos una y otra vez y demostramos con ello dedicación, coraje, fe y autosacrificio, atraeremos una pléyade de verdaderos y auténticos amigos, de esos que nos estimulan e impulsan a consolidar el respeto de nosotros mismos.

Habiendo sido hecho a la imagen de Dios, el hombre no puede soportar la idea de ser avergonzado. La propia naturaleza del hombre exige que se lo trate con dignidad. El temor al fracaso es un mecanismo de defensa autoarbitrada urdida subconscientemente para impedir que un *ego* inseguro se lance a una experiencia riesgosa y potencialmente embarazosa.

2. Decidimos labrar el respeto hacia nosotros mismos ignorando por completo el denominado Temor al Fracaso, y la perspicacia que logramos con esa actitud nos permite comprender que el Temor al Fracaso ni promueve ni protege el respeto de uno mismo. Este temor, en realidad, anula o impide el respeto hacia uno mismo. Supongamos que se nos ocurre una brillante idea, pero al rendirnos al Temor al Fracaso dejamos pasar esa maravillosa oportunidad. Verdad es que no temeremos una situación embarazosa, pero ahora estamos aburridos. *El aburrimiento no labra la autoestimación.* ¿Qué es lo que hace el aburrimiento? Nos da todo el tiempo que queremos para meditar lo que "pudo haber sido".

Para citar a John Greenleaf Whittier:

De todas las palabras emitidas por la lengua
o por la pluma,
Ningunas tan tristes como las que dicen:
"Pudo haber sido."

Envejecemos coleccionando y acariciando una multitud de remordimientos. ¿Por qué no hice esto? ¿Por qué no hice aquello? ¿Por qué no lo compré cuando tuve la oportunidad de hacerlo? Y para deprimirnos aún más es posible que veamos que otros sí aprovecharon las oportunidades que nosotros perdimos. Esas personas han tenido éxito y nos consumen los celos.

El tormento de los celos nos amargará la existencia y nos inspirará nuevas acciones y pensamientos negativos. De esa manera el Temor al Fracaso no protege nuestro autorrespeto, sino que lo previene y lo anula. Si prestamos atención a nuestros temores moriremos ignorando cuán grandes pudimos ser.

3. Recordemos siempre que no hay progreso sin riesgos. En tanto no fracasemos una primera vez nunca sabremos si apuntamos suficientemente alto. El éxito consiste en lograr lo más con las oportunidades que Dios nos dio. El fracaso consiste en no lograr lo máximo con los dones y con la ayuda que Dios nos ofrece.

James Bryant Conant, el distinguido rector de la Universidad de Harvard, decía: "Miren la tortuga de mar: avanza solamente cuando estira el cuello." El Ministro de Relaciones Exteriores de Gran Bretaña, Lord Halifax, expresaba el mismo pensamiento en las siguientes palabras: "El que no deja nada al azar errará pocas veces pero hará pocas cosas." En términos parecidos decía Benjamín Franklin: "El hombre que hace cosas comete errores, pero no comete el más grande todos los errores, el error de no hacer nada."

Si no corremos algunos riesgos ahora, no creceremos ni progresaremos. Estamos inmóviles o retrocedemos.

4. Recordemos también que si permitimos que este temor nos controle, estaremos condenados a una existencia aburrida, inanimada, inocua.

5. Rechacemos el perfeccionismo. El Temor al Fracaso florece en el pensar exageradamente idealizado de una mentalidad perfeccionista.

El perfeccionismo expresa un temor al rechazo. Tememos que el fracaso nos ponga al descubierto como personas imperfectas. Pero debemos ser realistas y comprender que nadie es perfecto. Además ninguna persona inteligente espera que seamos perfectos. La mejor gente jamás nos rechazará porque nuestras imperfecciones son puestas al descubierto por un fracaso. Dicho fracaso puede no probar otra cosa que somos seres humanos. Todo individuo es un fracasado de alguna manera, en algún momento y a cierto nivel. Recordemos: "Errar es humano, perdonar es divino."

> *Es preferible hacer algo imperfectamente*
> *Que no hacer nada a la perfección*

En el último análisis la gente nos aceptará o rechazará no por lo que hacemos, sino por la clase de persona que somos.

6. Debemos comprender que el fracaso nunca es final y total. ¡Muchos fracasaron al principio de una empresa, para salir victoriosos después! Podemos fracasar en una transacción comercial y triunfar en otra

Los imaginadores de imposibilidades son engañosos maestros en el arte de expresar afirmaciones extremas, irresponsables y negativas, tales como: "Estoy acabado", "Suficiente para mí", "Nunca llegaré a nada", "Soy un fracasado total", "Estoy terminado". Cada una de esas afirmaciones es una exagerada falsedad. ¡Nunca jamás hablemos o pensemos en esos términos!

El doctor Smiley Blanton, uno de los más notables siquiatras de este siglo, le dijo en cierta ocasión a su colega Norman Vincent Peale: "He sido un siquiatra por casi cuarenta años, y si hay algo de lo cual estoy totalmente convencido es de lo siguiente: *hay vastas esferas intactas en toda vida humana* si tan sólo fueran descubiertas y pudiéramos convencer a la gente de que creyera en ellas y reedificara sobre ellas. Nadie es un caso perdido y sin esperanzas."

Explicó su afirmación de la siguiente manera: "Freud vio eso, y escribió: Aún los sicópatas más avanzados informan que hay momentos en que observan que su propio yo enfermo actúa por fuera de ellos mismos y resultan meros espectadores que ven desplegarse ante sus ojos todo el desarrollo de la terrible tragedia."

Richard Lemon en un artículo intitulado: "The Uncertain Science" (La ciencia incierta), escribió sobre algo que ocurrió en un hospital para enfermos mentales en un suburbio de París, durante la Segunda Guerra Mundial. La institución albergaba 154 casos, considerados por los mejores siquiatras como insanos sin remedio. Durante el transcurso de una oscura noche las tropas invasoras de liberación cañonearon el hospital. En la confusión reinante escaparon los 154 internados. Muchos años después, cuando finalmente lograron seguir la pista de todos esos pacientes, cuál no sería el asombro de los siquiatras al comprobar que 86 de los 154 se habían recuperado en forma total y vivían vidas absolutamente normales. Recordemos: ¡De este lado del infierno no hay nada que sea un fracaso total!

7. Al llegar a este punto, nos preguntamos: ¿En qué consiste un fracaso verdadero? La respuesta llega sola. El verdadero fracaso consiste en fracasar como persona. Ceder a la cobardía frente a una contingencia urgente pero riesgosa. Retroceder ante el elevado llamado a una noble acción por la posibilidad de una imperfección en el cumplimiento de dicha acción. Preocuparnos más en proteger nuestro orgullo ante un eventual y embarazoso fracaso que promover una maravillosa y meritoria causa. Quitarle a la fe el liderazgo de nuestra vida futura y promover al temor

a un cargo de autoridad sobre nuestro destino. Esto es el verdadero fracaso como personas.

8. Anulemos nuestros temores. Apartémonos de aquellos que nos digan: "No puede hacerse", "No dará resultado", "Otros probaron y fracasaron", "Nunca se hizo antes."

Aislémonos de tales fuerzas destructoras y negativas. Aislémonos de las personas que generan vibraciones depresivas y desalentadoras. Ahoguemos nuestros temores. Anulemos todo aquello que les da vida.

9. Ahora debemos asociarnos al club N.T.D.N., es decir el club Nunca Temas de Nuevo. ¿Cómo hacer para entrar en ese club? Desarrollemos una vigorosa fe personal en Dios. La persona profundamente religiosa es imbatible. Un distinguido amigo, caballero de edad madura, lo expresó de esta manera: "El Hombre que me vigila jamás se equivoca."

Un estudiante que optó por un dificilísimo curso universitario, me dijo que él anota sus temores en una hoja de papel, los encierra en un círculo y luego atraviesa el papel con una flecha que representa a Jesucristo.

Uno de los más temerarios americanos fue el ya fallecido Robert LeTorneau. Explicaba el secreto de su arrojo con este simple pensamiento: "Dios es mi socio, ¿cómo puede tener miedo alguien con semejante socio?"

Muéstrenme una persona con un sueño consumidor unido a una profunda e inamovible fe y os mostraré un movedor de montañas. Está seguro que logrará su propósito. Cree en el versículo bíblico que dice: "Reconócelo a Dios en todos tus caminos, y él enderezará tus veredas." (*Pr.* 23:6.)

Ethel Waters tenía el lema siguiente: "Dios no patrocina fracasos."

La superfuerza puede ser nuestra

Vincent H. Gaddis relata casos de fuerza sobrehumana que milagrosamente salvaron vidas: **

Robert Heitsche jugaba en un edificio en construcción en West Covina, California, una tarde del año 1965, cuando se derrumbó sobre él media tonelada de andamios de acero y ladrillos. Los gritos de los compañeros de juego de Robert atrajeron al patrullero Clint Collins, de 28 años de edad y 70 kilogramos de peso. Collins se agachó y con un solo empujón retiró el andamio con su carga de ladrillos.

Luego Collins explicó: "Lo que me impresionó fue ver la mano del niño que aparecía entre el acero y los ladrillos. En ese momento hubiera tratado de atravesar una pared de ladrillos con tal de poder ayudar..."

Una mañana de noviembre de 1964, la carrocería de una camioneta de nueve asientos avanzaba lentamente en la última porción de la línea de montaje en la planta fabril *Fisher Body Company*, en Flint, Michigan. La carrocería iba montada sobre un transportador de acero. El peso de la carrocería y del transportador superaba holgadamente la tonelada.

Víctor H. Howell, de 21 años de edad, estaba de pie al lado de la línea de montaje. Esperó hasta que la carrocería de un automóvil que iba delante de la camioneta hubiera pasado y se inclinó para controlar la tarjeta de instrucciones.

De pronto resbaló, perdió el equilibrio y cayó. Al caer su pie se enganchó en el transportador, en un sitio a bajo nivel. Estaba atrapado, imposibilitado de escapar. El transportador con su pesada carga estaba a pocos centímetros de él. Pocos segundos más y su pierna quedaría convertida en pulpa...

Charles J. McClendon, obrero de relevo de otra sección de la planta, apareció en escena en el preciso instante en que Howell gritó pidiendo auxilio. McClendon, de 48 años de edad y 1,78 m. de estatura, pesaba 92 kilogramos. Era un hombre fornido pero ahora se transformó en un *superman.*

Más tarde relató lo siguiente: "Recuerdo que estaba de espaldas al transportador y su carga, con mis manos tomadas del transportador. No sabía qué hacer y entonces me pareció escuchar una vocecita en mi interior que me ordenó levantar la pesada carga. Y de alguna manera logré hacerlo..."

En Columbus, Ohio, en el año 1966, Carolyn Horn, señorita de 18 años de edad que pesaba menos de 45 kilogramos, movió una rama de 12 metros de largo y 30 centímetros de diámetro más de un metro de distancia, tomándola de un extremo para rescatar a un primo suyo que quedó atrapado al caer la rama...

La señora Gene Perryman, de 25 años de edad, estaba de pie en el porche trasero de su casa en Jasper County, Carolina del Sur, el 1º de octubre del año 1965, con su bebé en brazos. Sus otros dos niños, Andy, de ocho años y Vicki de nueve, estaban en el frente de la casa esperando el ómnibus escolar.

Oyó el grito de Vicki, y al grito siguió el chirrido producido por los frenos de un automóvil. Colocó al bebé en la cuna que estaba en el porche y corrió alrededor de la casa hasta llegar a la carretera. Andy había sido atropellado por un automóvil que lo arrastró casi 50 metros antes que el conductor pudiera detenerlo. El niño estaba metido entre una de las ruedas traseras y el tanque de gasolina que estaba debajo de la carrocería.

"No sé cómo lo hice", explicó la señora de Perryman a los reporteros gráficos que la entrevistaron después. "Todo sucedió tan rápidamente. Lo único que puedo decir es que tenía que sacarlo a Andy. Estaba encajado debajo del tanque de gasolina y temí que prendiera fuego."

Tomando el paragolpe trasero, la señora de Perryman levantó el vehículo y lo empujó hasta que vio libre a su hijo y el automóvil se metió en una zanja. Andy fue llevado al hospital Candler, en Savannah donde los médicos informaron que estaba en óptimas condiciones físicas. El automóvil pesaba 885 kilogramos. La señora de Perryman es una mujer pequeña de apenas 1,50 m. de estatura y que pesa 43 kilogramos.

"Si hubiera sido uno de sus hijos", decía, "hubieran hallado la fuerza que yo encontré."

¿Cuál es la fuente de esta asombrosa energía?

Se sabe ahora que una substancia química, la adenosina trifosfato (ATP) es la responsable de nuestra energía. Cuando es activada por impulsos receptados del cerebro, la ATP vigoriza los músculos en una complicada reacción de 20 etapas, con un efecto casi explosivo.

La siguiente demostración de superfuerza es una de las más increíbles que jamás se hayan registrado: ***

Lo que pasamos a relatar ocurrió minutos antes de la medianoche el 18 de febrero de 1952, en un sitio distante 16 kilómetros al norte de Houston, Texas. Roy Gaby volvía a Houston, desde Waco, manejando un enorme semirremolque de catorce ruedas, cuando un automóvil conducido por un hombre aparentemente borracho, se metió sin parar en la carretera, desde un camino secundario. Gaby dio un golpe al volante para evitar el choque, perdió el control, y se estrelló contra un enorme roble. El remolque se apiló sobre la cabina, atrapando a Gaby entre fierros retorcidos.

El cuerpo de Gaby se hallaba doblado en dos bajo el techo hundido de la cabina. Sus pies estaban atrapados entre los pedales retorcidos del embrague y el freno, y el volante del vehículo estaba prácticamente incrustado contra su cintura. A ambos lados de la cabina las puertas estaban retorcidas dentro de sus respectivos marcos. El motor estaba metido dentro de la cabina.

"Lo primero que hicimos", informó más tarde el oficial de policía, "fue enganchar el furgón de auxilio al motor con la intención de apartarlo del cuerpo del conductor y librarlo de su trampa. No se movió ni un milímetro. A continuación enganchamos un camión al paragolpe delantero del furgón de auxilio, para lograr una doble potencia. No tuvimos mejor suerte. Después enganchamos dos camiones más a la parte trasera del acoplado para tirar en sentido contrario y separar las dos partes del vehículo accidentado. No se movió."

En tanto los motores del furgón de auxilio y de los tres camiones rugían inútilmente, un espectador gritó de pronto: —¡Fuego! ¡Dios mío! ¡Se quemará vivo!

Aparecieron pequeñas llamas debajo de la cabina y comenzaron a lamer el piso...

Los camioneros y automovilistas trataron de abrir las puertas, golpeando con martillos y con palancas de acero, pero las puertas no cedieron ni un ápice.

"Nunca vi algo tan horrible", afirmó luego Henry. "Sentí deseos de orar pidiendo un milagro. El fuego alcanzó el piso de la cabina debajo de la víctima. Para el tiempo en que llegaran las autobombas de los bomberos y los sopletes cortadores, sería demasiado tarde. Fue entonces que se aproximó donde yo estaba este extraño y fornido negro. Me preguntó si podía ayudar. Moví negativamente mi cabeza. Si tres grandes camiones y un potente furgón de auxilio no pudieron abrir la cabina, nadie podía ayudar."

Lo que ocurrió a continuación jamás lo olvidarán quienes presenciaron la increíble hazaña.

El negro se dirigió a la cabina, tomó con sus manos la puerta que resistió los martillazos y las palancas de acero y la arrancó. Arrojando la puerta a un costado retiró el felpudo en llamas y con sus manos descubiertas apagó las llamas que rodeaban los pies de Gaby. Ya dentro de la cabina tomó la columna de dirección y la dobló separándola del cuerpo de Gaby. Luego, con una mano en el pedal del embrague y la otra en el pedal del freno, los separó, librando los pies de la víctima...

Mientras los despavoridos espectadores contemplaban alelados la escena, el negro arrastrándose sobre sus rodillas, logró meterse en la cabina doblando todo metal que se oponía a su avance. Finalmente pudo entrar lo suficiente como para colocarse semierguido con sus pies sobre el piso de la cabina, su cabeza gacha y su cuello y hombros contra la convexidad del hundido techo. Su cuerpo se puso tenso al aplicar toda su fuerza hacia arriba. Sus hinchados músculos se veían a través de su camisa empapada de sudor.

De pronto se escuchó el ruido del metal que cedió. Mirando a las llamas con ojos que despedían chispas de odio, el negro aguantó el peso de arriba en tanto el oficial Henry y varios camioneros sacaban a Gaby de la cabina.

Podríamos añadir: "Nadie sabe lo que puede hacer, hasta que Dios no lo inspira." Cuando los impulsos de Dios excitan al cerebro, ¡no sólo se libera ATP sino todos los poderes de Dios para triunfar!

Hagamos de la fuerza negativa del temor una fuerza positiva

Si luego de leer los anteriores ejemplos aún nos parece que no podremos eliminar el temor, ¡entonces, sublimémoslo! Hagamos que el temor obre a favor nuestro y no en contra.

"Me sería imposible vivir sin enfrentar diariamente lo desconocido", dice Pierre Boulez, director de la Orquesta Filarmónica de Nueva York. A esta emoción que llamamos temor deberíamos denominarla "misterios del futuro". De modo que debemos transformar nuestros temores en una fuerza positiva que pueda motivarnos:

No temamos porque pudiéramos fracasar... Temamos más bien no triunfar nunca.

No temamos porque pudiéramos resultar lastimados... Temamos más bien que nunca maduremos.

No temamos porque pudiéramos amar y perder... Temamos más bien que nunca logremos amar.

No temamos que los hombres hayan de reírse de nuestros errores... Temamos más bien que Dios nos diga "hombres de poca fe".

No temamos porque podemos caer de nuevo... Temamos más bien que pudimos haber logrado nuestro intento la próxima vez.

¿Listos? ¡Adelante con la gran idea! Preparémonos para comenzar. ¿Riesgoso? ¡Mejor! Es una gran oportunidad a vivir en la dimensión de la fe. Dijo Oscar Wilde: "Una idea que no es peligrosa, apenas puede llamarse idea."

Mi amigo Fred Jarvis escribe cosas sencillas, ¡pero notables! "Nuestro pecado y vergüenza no es haber fracasado sino haber apuntado demasiado bajo. Apuntemos bien. Apuntemos alto y elevemos nuestras metas. Con Dios a nuestro lado planifiquemos a lo grande. Con Dios planifiquemos osadamente."

---

* E. Stanley Jones, *Abundant Living* (Nashville, Tenn.: Abingdon Press).
** Vincent H. Gaddis, *Courage in Crisis* (New York: Hawthorn, 1973).
*** Ibid.

CAPITULO 7

EL VENCER COMIENZA
CON EL EMPEZAR

¿Qué es lo que nos detiene? A esta altura del libro ya sabemos que hay:

Una meta que debiéramos proseguir;
Un sueño que debiéramos emprender;
Un plan que debiéramos ejecutar;
Un proyecto que debiéramos comenzar;
Una posibilidad que debiéramos explorar;
Una oportunidad que debiéramos aprovechar;
Una idea que debiéramos elaborar;
Un problema que debiéramos solucionar;
Una decisión que debiéramos tomar.

Y ahora es el momento oportuno para solucionar otro difícil problema: cómo empezar.

A la edad de cincuenta y nueve años era el portero viejo, gordo y mal vestido de un colegio secundario. El mismo sentía que era "un hombre acabado".

Pero un domingo escuchó que el pastor de la iglesia decía: "Pueden llegar a ser las personas que quieran ser. Visualicen, organicen, actualicen, realicen. Unicamente les pido que empiecen...", concluyó el pastor, deteniéndose un instante antes de emitir a voz en cuello la última palabra "...¡HOY!"

Toda su vida Walt Frederick había lamentado el hecho de no tener el porte atlético y sí un pobre estado físico y ahora ocurrió un milagro de fe. ¡Se atrevió a creer que podría llegar a ser un atleta físicamente apto! Como primer paso inició una dieta controlada. Luego empezó a trotar. Al cabo de un año podía correr tres kilómetros diarios. Después aumentó la distancia a seis kilómetros por la mañana y seis kilómetros por la noche. Al alcanzar los 61 años de edad era delgado y estaba en óptimo estado físico, mejor de lo que jamás estuvo antes, incluso en sus años de adolescencia. Ahora corría 170 kilómetros por semana.

Nunca olvidaré la mañana que nos encontramos después del culto en la iglesia. —¿Adivine usted, reverendo, dónde voy a ir la próxima semana? —preguntó. Sus ojos brillaban con un entusiasmo juvenil. Sin darme tiempo a contestar, me dijo: —Iré por avión a Boston. Voy a participar de la Maratón de Boston, de 45 kilómetros. Efectivamente participó en la carrera. Más de mil competidores largaron pero sólo una ínfima proporción la terminaron. Walt Frederick se contaba entre los que terminaron. Cuatro años después una de las paredes de su casa estaba cubierta de medallas y trofeos. Es conocido a nivel nacional por los récords que ha roto en competencias pedestres.

—¿Cuál fue el mayor problema que tuvo que enfrentar durante estos años? —le pregunté. —Sin dudar un instante respondió: —Puedo contestar esa pregunta con una sola palabra, pues mi mayor problema *fue* y *es* la inercia.

Lo creí entonces —y lo creo ahora— que ése es también mi mayor problema ¡y el de todos mis lectores!

Cuatro clases de personas. ¿Entre cuáles nos contamos?

Analicemos cuatro clases de personas:

1. *Personas no-no.* Son las que nunca empiezan. No es de extrañar que jamás triunfen. Siempre tienen una

excusa para justificar su falta de realizaciones. Un director de atletismo tenía tantos problemas con los pensadores negativos que decidió imprimir a mimeógrafo un catálogo de excusas. Encabezó la impresión con las siguientes palabras:

"Esta lista tiene por objeto simplificar el problema de escoger la excusa adecuada para cada ocasión. En tanto algunos atletas son tan malos que no precisan excusas, la mayoría, en algún momento, tendrá necesidad de algún tipo de explicación para justificar su actuación, y este manual les vendrá de perillas."

Comí demasiado

Débil por falta de nutrición

No conté con el tiempo suficiente para entrar en calor

Demasiado tiempo para entrar en calor

Sobreentrenado

Falta de entrenamiento

Falta de sueño

Mucho sueño

Necesito aceite de germen de trigo

Necesito yogurt

Déficit de levantamiento de pesas

Me entreno despacio con vistas a cuatro años a contar de ahora

No quiero progresar demasiado rápidamente

Preocupado por los estudios

Preocupado por problemas financieros

Novia descariñada anoche

Novia muy cariñosa anoche

No pensé

Pensé demasiado

Jueces incapaces

Arbitros incapaces

Malas condiciones de la pista

Suelo muy duro

Suelo muy blando

Demasiado calor

Demasiado frío

Fisura de la tibia

Ampollas

Clavos demasiados cortos

Clavos demasiado largos

No tenía botines rojos

Olvidé traer los botines

Calambre en la pierna

Calambre en...

No tuve ganas de correr

Tengo problemas emocionales

Medroso

Mi entrenador es un...

Me asusté

Creí tener un ataque al corazón

Sólo corro por el ejercicio que significa

Ceguera causada por el reflejo de la nieve

Me perdí

Creí que me faltaba una vuelta completa a la pista

No puedo correr cuando quedo retrasado

No puedo correr cuando voy adelante

No puedo correr

Demasiadas competiciones

Demasiados torneos

Quise ver cómo eran los otros ganadores

Demasiada gente dependía de mí

A nadie le interesó mi actuación

No me gustan los juegos atléticos organizados.

No me entusiasmó la carrera

Estuve demasiado ansioso por ganar

Oí decir que no nos servirían una comida después del torneo

Mi entrenador es americano y no comprende a los atletas extranjeros

Mi entrenador es un extranjero y no comprende a los atletas americanos

Prefiero las competencias en lugar cerrado

Prefiero las competencias al aire libre

No nos entrenábamos así en el secundario

No quiero alcanzar un éxito excesivo.

2. *Personas yo-yo.* Son personas egocéntricas, fluctuantes, cambiantes que están sujetas a altibajos y vaivenes, que sueñan pero no realizan.

8. *Personas jactanciosas.* Piensan y hablan grandezas, pero se echan atrás en el preciso instante en que debieran ir hacia adelante.

4. *Personas emprendedoras.* No sólo piensan y hablan grandezas sino que ejecutan notables realizaciones. Se juegan su reputación al anunciar públicamente que habrán de triunfar. Y se lanzan en busca del éxito sin mirar ni a diestra ni a siniestra. Nadie se refiere a esas personas en tono despectivo.

Una de las más impresionantes lecciones que jamás aprendí ocurrió como invitado en la residencia de W. Clement Stone, hombre que se abrió paso por su propio esfuerzo, centimillonario, prominente filántropo, exitoso autor, y uno de los más grandes pensadores positivos que jamás vivió. Mientras cenábamos Clem

Stone, el doctor Karl Menninger y yo discutíamos el tema de los "grandes conceptos".

Yo dije: —En mi opinión la fe es el más grande de los conceptos.

Clem Stone dijo: —Yo creo que hay algo más importante que creer. ¡Acción! El mundo está lleno de soñadores pero pocos se adelantan y dan pasos concretos para poner en vigor sus visiones.

¡Basta de excusas por no empezar!

La dilación es nuestro mayor enemigo. Las demoras transforman magníficas oportunidades en vacías posibilidades. Si carecemos de la fe necesaria para emprender AHORA una acción, no nos sorprendamos si uno más creyente ejecuta con éxito nuestra idea. Hemos de gemir y lamentarnos, diciendo: —Tuve la intención de hacerlo...¿por qué no lo hice?

Goethe escribió: "Perded este día holgazaneando, mañana se repetirá la misma historia, y pasado será más dilatorio. La indecisión trae aparejada sus propias demoras y se pierden los días lamentando el día. En la acción hay coraje y hay magia. Todo lo que puedes hacer o crees que puedes, comiénzalo. Una vez comenzado la mente entra en calor. Comienza la tarea, y la tarea se completará."

¿Qué es lo que nos detiene?

1. *¿Prejuicios?* Analicemos algunos de estos prejuicios que han alcanzado el nivel de clásicas excusas para nuestra inercia.

"SOY DEMASIADO VIEJO."

¿Se es demasiado viejo a los 77 años para comenzar una nueva vida? Si somos pensadores negativos aherrojados al "prejuicio de la edad", seguramente habremos de considerarnos demasiado cercanos a la tumba como para empezar algo nuevo. Si somos imaginadores de posibilidades hemos de suponer que nos quedan de diez a veinte años de vida. En el año 1972 Frieda Schulze celebró, a la edad de 87 años su escapada de Berlín Oriental, diez años antes. A los 77 años de edad dio el salto que la llevó a una nueva vida.

"Todavía tiemblo un poco cuando pienso en aquello", afirmó *Frau* Schulze al recordar el incidente que en 1962 publicaron todos los diarios del mundo en grandes titulares. "Pero valía la pena... no podía soportar su política", añadió sacudiendo sus nudosos dedos para poner mayor énfasis en sus palabras.

Cuando los comunistas de Alemania Oriental levantaron el muro de Berlín el 13 de agosto de 1961, *Frau* Schulze vivía en la planta baja de una casa de apartamentos, exactamente en el límite de la dividida ciudad, en la Bernauerstrasse, donde se confunden ambos distritos. La acera pertenecía a Berlín Occidental pero el edificio estaba en Berlín Oriental.

Cuando la policía y tropas de Alemania Oriental desenrollaron rollos de alambre de púas, centenares de personas del costado oriental de la Bernauerstrasse, que tomó fama de ser la calle más triste del mundo, arrojaron por las ventanas algunas de sus pertenencias y lograron escapar. Los alemanes orientales tapiaron las ventanas de las plantas bajas de los edificios y obligaron a los residentes a mudarse a los pisos superiores desocupados por los que lograron escapar.

"También a mí me obligaron a mudarme y cuando entré al nuevo apartamento, permanecí largo rato sentada en una silla como paralizada", dijo *Frau* Schulze. "No había luz en el apartamento, pero en realidad no era indispensable, dada la cantidad de reflectores que había afuera. Era una luz espantosa, y yo estaba en medio de ella."

Con frecuencia el sueño de *Frau* Schulze se veía interrumpido por el sonido de los tiros disparados contra refugiados que se escapaban, de las sirenas de los bomberos y de las ambulancias y las voces de los berlineses occidentales que les gritaban palabras de aliento a los residentes de allende el muro, o vulgaridades a los guardas de Alemania Oriental.

"Finalmente no pude soportarlo más y el 23 de septiembre decidí escapar. Até una soga al más grande de mis sillones, para descolgarme por ella. No pegué los ojos esa noche, pensando cómo lo haría y a la mañana siguiente estaba decidida a todo... saltaría", relata la delgada mujer de cabellos blanco. "Fui al baño y me lavé. Estaría limpia cuando abandonara mi hogar."

Lo que ocurrió a continuación lo captaron los fotógrafos gráficos y las imágenes se transmitieron a todo el mundo. *Frau* Schulze trepó al antepecho de la ventana. No bien la vieron los policías de Berlín Occidental, llamaron al cuerpo de bomberos. Desplegaron una red cinco metros por debajo de donde ella se hallaba. Tenía un gato en sus brazos.

"La gente comenzó a gritar a voz en cuello *salte abuela* y es de suponer que el ruido alertó a la VOPO (Policía comunista del pueblo). Oí cuando pateaban la puerta de mi apartamento y dos de ellos se acercaron al antepecho de la ventana y trataron de arrastrarme de vuelta a la pieza."

Los berlineses occidentales que estaban en la acera vieron el aprieto en que se hallaba. Un joven trepó al antepecho de la ventana de la planta baja. Sostenido por policías estiró su brazo y tomó por los pies a *Frau* Schulze y comenzó a tironearla hacia abajo mientras un policía comunista la tiraba hacia arriba. Con el otro brazo sostenía su gato.

"Arrojé al gato a la red y luego salté."

La muchedumbre expresó a gritos su alegría y aplaudió la escapada de *Frau* Schulze. Tuvo mucha suerte pues apenas se lastimó superficialmente la cadera.

La verdad es que mucha gente, en los próximos 25 años, ¡alcanzará la edad de cien años! Los científicos prolongan la vida. Es probable que alcancemos esa edad. Siendo así, todavía somos bastante jóvenes.

Veamos otro de los prejuicios:

"SOY VICTIMA DE UN PREJUICIO RACIAL."

Cierto es que hay muchas víctimas de prejuicios raciales en todo el mundo. Sin embargo, en todo país donde existen prejuicios raciales, hay individuos excepcionales que logran romper la barrera racial y triunfan a pesar de ese problema. Si vivimos en una comunidad donde efectivamente existe el prejuicio racial, no lo utilicemos como una excusa para no tratar de ir adelante. ¡Utilicémoslo como un desafío para superar el obstáculo!

"NO POSEO UNA ESMERADA EDUCACION."

¡Entonces, obtengámosla! En muchísimas ciudades hay escuelas nocturnas en las cuales se puede obtener un diploma del secundario o un título universitario. Una deficiente educación ha dejado de ser una excusa válida para no progresar, cualquiera sea la edad.

"NO TENGO UN CENTIMO."

Entonces hay que salir a la calle y ganarlo, ahorrarlo o pedirlo prestado. Querer es poder. Empecemos con poco, incrementemos nuestros ahorros, si es necesario en forma sacrificada, y nos asombrará cómo queda despejado el camino.

"No tenéis porque no pedís", dice la Biblia. ¿Hemos pedido a todo aquel que se nos ocurra que nos ayude a financiar la idea? ¿O nos hemos echado atrás porque tenemos vergüenza de solicitar un préstamo? Si así fuera el caso no pidamos un préstamo, pidámosles a nuestros amigos que nos "alquilen" el dinero por un tiempo. Debemos ofrecerle el pago de un "alquiler más elevado" que el interés que le da el Banco donde tiene depositados sus ahorros. Será un favor que le haremos.

2. *¿Golpes de la vida?* ¿Es eso lo que nos retiene? ¿Nos obsesionan, nos retienen y nos lastiman viejas heridas, derrotas y reveses?

— Nunca me casaré de nuevo.
— Nunca confiaré de nuevo en nadie.
— Nunca creeré de nuevo en Dios.

— Nunca me meteré de nuevo en ningún negocio.

— Me quemé una vez: ¡nunca de nuevo!

Si es así como pensamos es porque hemos permitido que nos dominen antiguas circunstancias desafortunadas. No dejemos que el recuerdo de las cosas malas nos maneje a su antojo. Un amigo mío, Don Herbert, ha tenido muchos momentos dolorosos en su vida. Cuando le visité para ofrecerle mis condolencias por la muerte de su padre, me dijo: —Bueno, tenemos que mirar siempre adelante; no es mucho lo que podemos adelantar si miramos únicamente el espejo retrovisor.

Cuando el historiador inglés Thomas Carlyle terminó de escribir el manuscrito de miles de páginas sobre la Revolución Francesa, se lo entregó a su vecino John Stuart Mill para que lo leyera. Varios días después, pálido y nervioso, Mill fue al hogar de Carlyle. La doméstica de Mill había utilizado el manuscrito para encender el fuego. Durante días Carlyle anduvo furioso. Dos años de trabajos perdidos; nunca hallaría ni las fuerzas ni la energía como para comenzar de nuevo. Pero un día vio a un albañil que construía una larga pared, colocando ladrillo sobre ladrillo. Eso lo inspiró. Decidió comenzar otra vez. —Escribiré una página hoy, luego una página por vez —dijo—. Ese mismo día comenzó y lentamente escribió de nuevo su monumental trabajo que al terminarlo consideró mejor que su primer manuscrito.

3. *¿Tropelías?* ¿Los demás nos tienen aplastados para que no podamos surgir? ¿La competencia se hace cada vez más dura? ¿Nuestros enemigos comerciales conspiran contra nosotros? La única respuesta para esas situaciones es una actitud mental positiva.

Un comerciante chino tenía un pequeño negocio en la mitad de una cuadra. Un día una enorme empresa, verdadera cadena de almacenes, inició la construcción de un gran almacén en una esquina de la cuadra, mientras otra empresa lo hacía en la otra. El comerciante chino se halló aplastado entre dos enormes competidores. Llegó el día en que ambos negocios abrirían sus puertas. Las dos empresas colgaron enormes carteles que decían "Gran Inauguración". ¿Qué hizo el hombrecito del medio? Colgó un cartel sobre la puerta de su negocio que decía: "Entrada Principal."

4. *¿Logros pasados?* ¿Son ellos los que nos detienen? ¿Hemos logrado tantas realizaciones, victorias y proezas que estamos cansados y decidimos retirarnos? ¿Miramos los trofeos, las recompensas y los premios de ayer y nos dormimos sobre esos laureles? Un vendedor declaró: "He ido barranca abajo desde que gané el mayor premio que puede dar la empresa. Se me ocurre que quise demostrarle algo a alguien y ahora he perdido todo interés."

¿Cómo superar esta actitud? Dejemos que Dios nos estimule. Leamos una y otra vez el versículo bíblico que dice: "Olvidando ciertamente lo que queda atrás, y extendiéndome a lo que está delante, prosigo a la meta, al premio del supremo llamamiento de Dios." (Filipenses 3:13-14.)

Recordemos que la molicie lleva inexorablemente a la enfermedad. No bien dejemos de ejercitar nuestro cuerpo los músculos perderán su vigor. La alternativa es usar o perder nuestra potencia interior. No dejemos que la paralización nos mate. Si queremos mantenernos en la bicicleta de la vida debemos pedalear...o caer.

Llegó un momento en que un amigo mío, gravemente herido en un accidente, quiso bajar los brazos. "Cuando penosamente recuperé las fuerzas necesarias para caminar con muletas estaba cansado de soportar la tortura de la terapia física. Tanto es así que el terapeuta me advirtió que si no me esforzaba en progresar, perdería t do lo ganado hasta ese momento. ¡He aprendido, desde entonces, que esto se ajusta a un principio universal de la vida!"

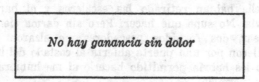

No hay ganancia sin dolor

*Automotivadores que nos ayudarán a dar
el paso inicial*

1. Sumemos las recompensas que se obtienen por comenzar y el precio a pagar por no comenzar. Justipreciemos mentalmente los valores, los beneficios y las recompensas que nos redituará a nosotros mismos y a otros, si realizamos lo que nos propusimos hacer. A continuación justipreciemos las pérdidas que habremos de sufrir y que sufrirán los demás si no iniciamos lo proyectado.

Todos la llamamos "Abuela Finley". Tiene 84 años de edad. La conocí en una travesía por el océano Pacífico. Atrajo tanto la atención que un periodista la entrevistó. —¿Será esta su última travesía, señora de Finley? —le preguntó. —¡Naturalmente que no! —respondió con acritud. Soy miembro del Club Universal N.M.P.N. —No Me Pierdo Nada—. Ese es nuestro lema.

Riéndose, añadió: —De todas maneras, soy como un barril sin fondo. Cuando termine esta travesía venderé alguna propiedad y con ese dinero compraré otro pasaje.

—¿Pero no tienen problemas para viajar, personas ancianas como usted? —preguntó el joven periodista de 24 años de edad.

—Por supuesto que sí —respondió la abuela—. ¡Pero también los tienen los niños! Realmente no me preocupo. La gente ayuda muchísimo. Cuando estuve en Laponia bajé a tierra para comprar una muñeca para mi colección. Alguien comentó que estaba cerrada la frontera con Rusia, de modo que crucé la frontera para echarle una mirada a Rusia, y cuando volví al muelle habían retirado las escaleras y el barco se movía. No supe qué hacer. Pero sin darme tiempo a pensar, dos fornidos pescadores me alzaron y me metieron por una puerta abierta al costado del buque. ¡No les habría permitido hacerlo si me hubieran pedido permiso!

2. Generemos una sensación de urgencia. Larry Regan, mientras actuaba como entrenador de Los Angeles Kings (Reyes de Los Angeles), explicó dos victorias excepcionales: —En los momentos claves —dijo el entrenador del National Hockey League— los jugadores jugaron con sentimiento de urgencia, y eso es imposible de vencer.

Echemos una mirada al calendario. Estamos entrando en años. Es probable que nunca habremos de tener mejor salud que ahora. ¡Dentro de un año desearíamos haber comenzado hoy! ¿Se nos escapa el tiempo de las manos? ¿Se nos va la vida? ¿Será por ventura más fácil —o más económico— si esperamos otra semana, o mes o año?

¡Inyectemos en nuestro pensamiento una sensación de urgencia, y comencemos de una buena vez! "El invierno se acerca." "Dentro de poco tendré que someterme a un test." "Vienen parientes a visitarnos." "Dentro de poco será demasiado viejo para ir." "El inspector no tardará en llegar." "Dentro de poco el jefe pedirá el informe." "El mes que viene tendré que pesarme en la balanza del consultorio del médico."

El común de la gente produce lo que debe producir bajo la presión generada por los acontecimientos, las circunstancias o personas que controlan en parte o totalmente sus vidas. Pero hay personas excepcionales que logran sus realizaciones bajo la urgencia de presiones que deliberadamente generan ellos mismos.

Esas personas primero firman un contrato a cumplir en determinada fecha. Luego anuncian públicamente su intención de mantener la fecha convenida.

Se comprometen de tal manera que no les queda otra alternativa que someterse a la letra del convenio. (Una advertencia: en la primera etapa anunciemos nuestros planes únicamente a *amigos confiables y a reconocidos imaginadores de posibilidades*. Cuidado con los especialistas de imposibilidades. Protejamos nuestro precioso plan de la mortal infección de estos últimos. Los recién nacidos deben ser protegidos hasta que adquieran inmunidad a un medio ambiente repleto de gérmenes.)

3. A continuación hagamos un horario. Fijemos fechas y horas para reuniones de planeamiento, para toma de decisiones, y para la solución de problemas. Debemos marcar esas fechas en nuestro almanaque personal. Al hacerlo así nos aseguramos nuestro tiempo futuro. Habremos de tener éxito si contamos con el tiempo necesario para ejecutar nuestro plan. Y recordemos que fracasaremos con toda seguridad si no calculamos nuestro tiempo. ¡Y nada ocurrirá si no escribimos en nuestro calendario la palabra AHORA!

Llegados a este punto corresponde dividir nuestro sueño en períodos cronológicos. Señalemos en nuestro almanaque la fecha inicial y la fecha final de la etapa de planificación, de la etapa de lanzamiento del proyecto, de la etapa de solución de los problemas que se pueden plantear, y de la etapa de celebración del éxito. Apuntemos a un día "especial", tal como Navidad o Año Nuevo o el de nuestro cumpleaños. Prometámonos una recompensa para ese día. Un traje nuevo, un viaje, una comida especial en nuestro restaurante favorito. Y ahora digámonos: —Tengo algo grande entre manos, ¡no debo cejar!

---

*El comenzar es la parte más difícil
de cualquier trabajo*

4. Ahora comencemos a construir nuestra base. Lentamente, sólidamente, sinceramente. "Con fe todo lo pueden hacer", dijo Jesús. Pero no dijo que podían hacerlo todo de golpe.

Un hombre que leyó *Move Ahead with Possibility Thinking* quiso establecer una organización de ventas a nivel nacional (y pudo haberlo hecho). Tomó a préstamo doscientos mil dólares para alquilar locales en las principales ciudades del país antes de construir una base local. Puesto que no entraba dinero de ninguna de las bases, rápidamente sufrió la bancarrota.

Hay que edificar lentamente, seguramente, sólidamente. Al comienzo debemos conformarnos con lo pequeño. Cuando nos hemos asegurado del triunfo de la pequeña etapa, avancemos hacia la segunda. Ampliemos cada vez más.

Quienes visitan la Iglesia de la colectividad *Garden Grove* quedan asombrados por la enorme iglesia edificada en un predio de casi nueve hectáreas. Muchas veces me veo en la obligación de explicar: "Antes de comenzar elaboramos un plan maestro. Lo que ahora ven fue edificado en nueve operaciones separadas durante un período de 17 años."

Recordemos: comenzar a lo pequeño; construir sólidamente; crecer. Así fueron construidas las pirámides. Y ésa es la forma de alcanzar la cúspide. Si hacemos caso omiso del principio de construir desde la base es posible que avancemos tan rápidamente y tan lejos, que nos tapen las circunstancias como un alud.

5. Ahora multipliquemos los niveles de nuestra motivación. En cierta ocasión caí de una escalera tan malamente que tuve que ser hospitalizado. Si bien recuperé plenamente la salud, abandoné el hábito autoimpuesto de caminar tres kilómetros todos los días. El retomar dicho hábito resultó increíblemente difícil. Me decía a mí mismo: "Si camino, se beneficiará mi corazón." Pero no me decidía. Añadí a mi monólogo: "¡El caminar mejorará mi silueta y reducirá esa cin-

tura abultada!" Tampoco dio resultado. Ahora agregué: "Si camino tres kilómetros diarios permaneceré joven por mucho tiempo." Recordé a mi abuelo que alcanzó la edad de 96 años. Daba largas caminatas todos los días. A pesar de todo ello no retomé el hábito abandonado, de modo que añadí otra motivación más: "Si camino todos los días y no abandono esta práctica, mantendré una postura juvenil toda mi vida." Esto dio resultado. Esta última razón, sumada a todas las anteriores, tuvo el peso y la fuerza suficiente para hundirse en ese profundo estrato de la conciencia donde se impulsan las acciones. Me hizo andar. Debemos añadir razones que motiven propósitos o fines determinados.

6. ¡Pidamos ayuda! Al segundo día de mi programa de caminar diario me sentí maldispuesto a comenzar. Le pedí a mi hijo que me acompañara y me obligara a caminar. Así lo hizo. Fue el impulso agregado que necesitaba. Pidámosle a alguien que nos ayude a comenzar. Pidámosle a un amigo o a un familiar que nos dé un empujoncito.

7. Usemos nuestra inteligencia. No esperemos a que tengamos ganas de hacerlo. No la tendremos en tanto no comencemos. Los escritores profesionales no se sientan a esperar que les llegue la inspiración. Se obligan a empezar a escribir. Entonces les vienen las ideas.

> *Usemos la cabeza y nuestro*
> *corazón seguirá en sus pasos*

Es asombroso con cuánta frecuencia la inspiración es el resultado de la transpiración. Cuando me dispongo a escribir un libro, me siento a la máquina de escribir y meto una hoja de papel en el carro. A continuación escribo el título. Ese título podrá cambiar una docena de veces antes de que el libro vea la luz del día, pero ya tengo un título. Luego escribo: "Por Robert H. Schuller." Después del nombre, y en otra hoja de papel escribo: "Otros libros por Robert H. Schuller", y los anoto. Eso me ayuda a creer que antes de éste he escrito otros libros de éxito y ello resulta una motivación más para comenzar. Después escribo la dedicatoria. Coloco estas tres hojas en una carpeta. Ya estoy en camino. Ahora estoy verdaderamente entusiasmado con mi proyecto.

8. No debemos demorar la puesta en acción de un proyecto hasta haber solucionado todos y cada uno de los problemas. Los ejecutores activos detectan rápidamente las mejores oportunidades, velozmente hacen sus grandes decisiones y se lanzan de inmediato a la acción. Los que se mueven lentamente son deficientes ejecutores. Cuando están seguros de que podrán solucionar todos los problemas que se plantean, la oportunidad habrá pasado. Algún "posibilitario" se apoderó de la oportunidad que estaba destinada a ellos. Las oportunidades no esperan a las personas que piensan con lentitud.

Comencemos ahora. Solucionemos los problemas después. ¿Y qué haremos cuando tropezamos con una dificultad aparentemente insoluble? ¡Pues inventaremos una solución!

Mi amigo Fred Hostrop, escribió:

Durante años sufrí de acromegalia, enfermedad provocada por un tumor de la glándula hipófisis. La hiperfunción de la hipófisis produce el crecimiento excesivo de ciertas partes del cuerpo. ¡A la edad de 73 años todavía sigo creciendo! Mi estructura ósea es mayor que la normal. Mi lengua es tan grande que no puedo hacerme entender por teléfono. Me ha empujado hacia afuera los dientes inferiores y no puedo morder bien. Tengo que comer con lentitud y muy cuidadosamente, ¡pues de lo contrario me muerdo la lengua! Sufro de terribles dolores de espalda y de cabeza durante varias horas todos los días y todas las noches. No puedo alzar nada del suelo, pues no puedo doblar la espalda. Al perder el equilibrio no puedo permanecer parado ni caminar sin la ayuda de dos bastones. No puedo caminar más de 60 metros sin caer. Si bien mi vista es excelente, no puedo mantener abiertos los párpados lo suficiente como para permitirme conducir con seguridad un vehículo por más de tres kilómetros.

La descripción de cómo me ha afectado la acromegalia, Rdo. Schuller, parecería inspirada por pensamientos negativos. Pero en lugar de decir —no puedo hacer esto— pensando positivamente me pregunto a mí mismo: —¿Qué puedo hacer en la situación en que me encuentro?

He hecho muchas cosas. Le daré solamente algunos ejemplos. Vivo en una esquina, con mucho terreno. La única manera práctica de regar el bulevar entre la acera y el encintado de la misma, es a mano. Requiere una hora de trabajo. En razón de que los músculos de la espalda no son lo suficientemente fuertes como para sostener mi pesada estructura ósea, era un trabajo que me infundía miedo. Las fotografías que acompaño a la presente muestran de qué manera riego sentado desde mi "vehículo regador" que lleva cuatro recipientes con agua; el vehículo me permite avanzar cómodamente hacia atrás, ¡y todo debido a pensar de manera positiva!

Si bien no puedo jugar más al golf en los *links*, todavía me divierto practicando en nuestro jardín. Acompaño fotografías que muestran otra invención del pensador positivo Hostrop que permite levantar la pelota desde el suelo y colocarla en el *tee* (montoncillo donde se coloca la pelota que hay que

lanzar) ¡hurrah! También lo uso para levantar des-
perdicios del patio, todos los días.

> *Siempre hay alguna manera de hacer las cosas*
> *si probamos con ahínco*

Tenemos varios nogales en los terrenos de la iglesia.
A los cuervos californianos les encantan las nueces.
¿Cómo pueden los cuervos romper la dura cáscara
de la nuez para comer su contenido? Imaginémonos
que fuéramos cuervos. ¿Cómo lo haríamos? Los cuervos han descubierto la manera. Toman la nuez con el
pico, se elevan a gran altura sobre la playa de estacionamiento de nuestra iglesia ¡y dejan caer la nuez
sobre el duro pavimento! Las nueces se parten y los
hábiles pájaros se lanzan al suelo y comen el fruto.
Si el cerebro de un cuervo puede dar con la solución
de su problema, seguramente hemos de ser capaces
de solucionar los nuestros.

9. Cuando surjan impulsos positivos debemos rendirnos a ellos. De la misma manera que debemos oponernos a toda acción inspirada por impulsos negativos,
debemos doblegarnos ante las ideas positivas. Seamos
positivos impulsivos.

Años atrás iba a asistir a un congreso internacional
de siquiatría, en Madrid. Estudié algo de la historia
de España y se despertó mi curiosidad por varios in-
cidentes que ocurrieron esos días. —Si la oportunidad
se me presentara de hablar con Francisco Franco, lo
arrinconaría y lo interrogaría, cara a cara, sobre
tres cosas —pensé.

La idea era excelente, pero algo ilusoria; no obstante decidí llevar a la práctica lo que predicaba, y
probar. Cedí al impulso positivo, levanté el tubo telefónico, llamé a la oficina de mi congresista, y pedí

su colaboración. Ese simple llamado nos envolvió a mí y a varios otros en un proyecto de alcances imprevisibles, como una bola de nieve que rueda por una ladera y que nadie puede detener.

—Es imposible, doctor Schuller —respondió mi congresista en una carta—. Mis ayudantes me informan que Franco nunca ha accedido a ser entrevistado por un pastor protestante. Tal vez podría hablar con él si se presenta como un escritor secular.

—No puedo simular —le respondí—. Por favor, busque alguna manera de hacerlo.

Partí para Amsterdam y no supe más del asunto hasta que llegué a París, donde me esperaba un cablegrama. El mensaje era breve y al caso: —El General Francisco Franco acepta verlo a mediodía del 22 de agosto en La Corona, España.

Dos hermosas palabras rubricaban el mensaje: —Buena suerte.

Un simple llamado telefónico dio vida al proyecto que luego comenzó a rodar por un impulso autogenerado hasta transformarse en un alud incontenible.

Alguien me dijo una vez que la vida era demasiado corta para hacer todo lo que queremos hacer. Yo le respondí que no lo era si comenzábamos a tiempo.

¡Despertémos! ¡Activémonos! ¡Cortemos las cuerdas de la pereza! ¡Rompamos las cadenas del letargo! "Es ya hora de levantarnos del suelo." (Romanos 13:11.) "He aquí *ahora* el tiempo aceptable; he aquí *ahora* el día de salvación." (2 Corintios 6:2.) "Este es el día." (Salmo 118:24.)

¡Decidamos ACTUAR AHORA! ¡Escapemos de la prisión de la inercia! Lo que hayamos de hacer ¡HAGAMOSLO AHORA! ¡Actuemos AHORA: una llamada telefónica, escribir una carta, hacer algo! ¡Movámonos! ¡Actuemos! ¡Iniciemos! ¡Comencemos! ¡Adelante! ¡AHORA!

Desprendámonos de los pensamientos negativos.
¡Erradiquemos de nuestra mente todo pensamiento de
imposibilidad! ¡Fuera con ellos! "Portaos varonilmente, y esforzaos." (1 Corintios 16:13.)

Desmenucemos los obstáculos. Destrocemos las barreras. Podemos hacerlo de la misma manera que abrir
un pasaje en la gran muralla china. ¿Cómo? Sacando
una piedra por vez. Fraccionemos nuestros grandes
problemas en problemas menores de fácil solución.

¡*Emprendamos* la realización cumbre de nuestro
destino! Los resultados serán más que óptimos. La
gente nos admirará. Dios nos bendecirá. ¡Y qué felices seremos! ¡Seremos lo que siempre quisimos ser.
¡Comencemos a actuar como un Imaginador de Posibilidades...AHORA!

Si nuestro mayor obstáculo es comenzar...¡eso lo
podemos eliminar ahora mismo!

CAPITULO 8

ENTUSIASMO: ¡EL PODER QUE PONE EN ORBITA!

El entusiasmo es el poder impelente que nos elevará de un lento despegue a un firme y decidido ascenso. ¡Con su controlada y explosiva fuerza de retropropulsión pondremos nuestros sueños en órbita! Transforma los negativistas en positivistas. De los que únicamente comienzan las obras, hace gente que las termina. Toma los perdidos y los convierte en campeones.

La fórmula matemática para alcanzar grandes éxitos es muy sencilla. Comenzar con un sueño. *Dividir* los problemas y resolverlos uno por uno. *Multiplicar* las excitantes posibilidades que surgen de la mente. *Restar* todos los pensamientos negativos que signifiquen una demora para poder empezar. *Sumar* entusiasmo. La respuesta será el logro de nuestras metas.

Entusiasmo: el ingrediente que garantiza la victoria

Los soñadores que comienzan una acción sin entusiasmo pierden rápidamente su vapor y terminan en decepcionantes burbujas, barboteando en la plataforma de lanzamiento de la vida.

Una hoja desafilada de cuchillo, que ha perdido

su propiedad de cortar; una ventana empañada que impide el paso de la luz; una cuerda de guitarra floja, que ha dejado de ser cantarina; un motor perezoso de automóvil que se ahoga y traquetea al ascender por un camino barroso de montaña. Ese es el cuadro que presenta un soñador que se fija metas, toma decisiones y enfrenta los problemas pero a quien le falta entusiasmo o perdió el que tenía. Si a la misma persona se le aplica una inyección de este poder llamado entusiasmo, el cuchillo adquiere un nuevo filo que le permite abrirse camino en una selva de obstáculos; la ventana brilla de nuevo permitiendo ver un grandioso e inspirador panorama; la cuerda de guitarra queda tensa y el sonido apagado y sordo se transforma en una vibrante armonía.

El motor que traqueteaba de pronto funciona a la perfección y su potencia le permite dejar atrás el barroso sendero y entrar en la firme supercarretera.

El entusiasmo hace de las personas decepcionadas y con tendencias derrotistas verdaderos dínamos de carga emocional positiva. ¡No hay quien las detenga!

Entusiasmo: no bloquearlo . . . ¡estimularlo!

¿Por qué hay gente que deliberadamente obstaculiza el libre fluir del entusiasmo, ese impresionante poder generador de éxitos? Pudiera ser que la principal razón para explicar un comportamiento tan irracional, sea el temor de una derrota decepcionante.

En pleno conflicto de Vietnam, el emprendedor tejano Ross Perot cargó de regalos un avión a chorro y partió rumbo a Norvietnam para entregar ésos regalos a los americanos prisioneros de guerra. Su vuelta alrededor del mundo fue ampliamente dramatizada y no alcanzó el éxito esperado. El gobierno norvietnamita le cerró todas las puertas.

Cuando Perot retornó a los Estados Unidos los periodistas le preguntaron: —¿Cómo ha encarado usted una derrota tan decepcionante?

Sin dudar un instante, contestó: —No he sido derrotado. En la iglesia, en la escuela, en el hogar y en los *boy scouts* me enseñaron, de niño, a probar.

Terminó la entrevista con las siguientes palabras: —No fracasé... en probar.

Si el temor de desvanecidas esperanzas restringe nuestro entusiasmo, jamás habremos de experimentar el gozo de triunfar. Si nunca procuramos ganar, con seguridad perderemos. Si nos permitimos el lujo de no tener esperanzas, las mismas jamás serán desvanecidas puesto que nunca nacieron. Si, por otra parte, permitimos que el entusiasmo elabore esperanzas que a la postre serán aplastadas, habremos aprendido mucho, probaremos nuevamente y, en última instancia triunfaremos mucho más que si hubiéramos bloqueado nuestro infantil entusiasmo.

El entusiasmo liberado tiene inconmensurables poderes generadores de éxito, ¡por lo cual no hay peligro alguno en soltarlo! ¡Las probabilidades son abrumadoras en favor de que las esperanzas no serán aplastadas sino realizadas!

Excusas que apagan el entusiasmo

Una dignidad relamida y pasada de moda, es otra de las falsas razones que esgrimen quienes bloquean o apagan el entusiasmo. Los dignatarios que piensan en términos negativos pueden decir:

— Es ridículo.
— Es demasiado dramático.
— Es impropio.

No permitamos que estas excusas apagadoras de entusiasmo nos dignifiquen tanto que terminen embotándonos. ¡Seremos muy mesurados pero no muy progresistas!

¿Un banquero... entusiasta? Sí. Walter Braunschweiger dio libre acceso al entusiasmo y con ese poder persuasivo colaboró en la tarea de transformar el Banco de América, de un Banco que disfrutaba de un éxito modesto, en una de las empresas financieras más poderosas del mundo.

—El imaginar posibilidades genera entusiasmo y nadie ha calculado jamás el dinamismo de esta fuerza espiritual —me dijo Walter al relatarme el asombroso historial de este banco del cual él es el vicepresidente.

"A. P. Gianinni había fundado un banco muy próspero en el Estado de California, al que denominó Banco de Italia. Algunos de nosotros pensamos que un banco que se llamara Banco de América atraería más a los habitantes del medio Oeste americano que se habían establecido en California. Solicitamos la encartación. Volví de San Francisco con la encartación bajo el brazo, pleno de confianza que sería todo un éxito. Y lo fue a tal grado que el señor Gianinni quiso el nombre para su banco. Negociamos. Nos fusionamos, y me hallé de pronto en la cúspide, en un cargo altamente ejecutivo.

"Un domingo a mediodía, durante la Segunda Guerra Mundial, recibí un llamado telefónico del señor Gianinni. Me decía que al terminar la guerra el Estado de California sería el escenario de una repentina expansión económica y que teníamos que prepararnos desde ya y *ahora* para esa futura expansión. Agregó que debíamos solicitar inmediatamente ¡un préstamo de 50 millones de dólares! Su voz, habituada a tomar decisiones, tenía un toque de urgencia. A continuación me aseguró que había un solo lugar donde obtener ese dinero, y que ese lugar no era otro que las grandes empresas financieras de Nueva York. Hizo una pausa antes de dejar caer su noticia bomba y me dijo que el directorio de ese grupo financiero se reuniría al día siguiente en Nueva York y que yo debía ir a entrevistarlos y "venderles" la idea que nos permitiría obtener el crédito que anhelábamos."

Braunschweiger quedó mudo. Bien sabía que tales exposiciones habitualmente requerían semanas y a veces meses de investigaciones y documentaciones, por

no decir nada de la necesidad de condicionar cuidadosamente la mentalidad y el ánimo de los hombres que
tenían la facultad de tomar una decisión.

"¡Ni pensar de mencionarle al jefe la palabra imposible! Sin embargo me animé a preguntarle cómo
llegaría a Nueva York a la una de la tarde. En tiempo
de guerra las reservas de avión debían tomarse con
semanas de anticipación. Además, en esa era anterior
a los aviones a chorro, el viaje demandaría no menos
de doce horas.

"Todo está arreglado, Walter. Llamé por teléfono
al presidente de la aerolínea. Han reservado un asiento
en el vuelo nocturno que parte de San Diego. Usted
llegará a Nueva York temprano por la mañana. Durante la tarde de hoy puede buscar los datos esen-
ciales para la presentación formal de la solicitud. La
puede bosquejar en el avión. ¡Ensaye cuidadosamente
los detalles! Recuerde que todos los hechos deben ser
redactados con toda precisión hasta en sus más mí-
nimos detalles para evitar la violación de leyes fe-
derales al recabar erróneamente la venta de acciones.
Recoja a toda prisa cuanto dato pueda juntar, tales
como nuestro activo, beneficios líquidos, obligaciones
a pagar, estadísticas de crecimiento, *etc*. Pude alcanzar el avión.

"En la madrugada del lunes el avión descendió en
un pueblo del sudeste, que no figuraba en el plan de
vuelo. ¡Lo que ocurrió a continuación fue una pesa-
dilla! ¡Me hicieron bajar para darle mi asiento a un
general del ejército! Al partir el avión me quedé
solo en el aeropuerto, observando cómo desaparecerían
los sueños de la compañía.

"Desesperadamente llamé por teléfono al jefe. Me
dijo que no me preocupara, que él vería cómo solucionar el problema. Y lo solucionó, sin duda. Contrató
los servicios de un avión particular. Cuatro horas
después estaba nuevamente en el aire. ¿Pero llegaría
a tiempo a la reunión de la una de la tarde? Era

casi mediodía cuando aterrizamos en el aeropuerto La
Guardia, tomé un taxi y febrilmente pasé revista una
vez más al intrincado embrollo que significaba la presentación cuidadosamente detallada y legalmente exacta
que llevaba. Al detenerse el taxi en la dirección de
Manhattan, me horroricé al pensar que todavía vestía
el traje y la camisa que me puse el día anterior y con
los cuales dormí toda la noche. Me había crecido la
barba y no tuve tiempo de afeitarme. Entré corriendo,
tomé el ascensor y apenas con el tiempo suficiente
alcancé el corredor que daba a la sala de sesiones.
Busqué mi presentación escrita. ¡No la tenía! En el
tremendo apuro la había dejado en el taxi.

"En ese momento oí que me llamaban por mi nombre. ¿Qué podía hacer? Bastaría una sola manifesta-
ción de índole financiera equivocada para que fuéramos
a parar a la cárcel. Elevé una silenciosa oración que
me inspiró. La inspiración me decía que me mostrara
entusiasmado. ¿Pero responderían al entusiasmo estos
conservadores, fríos y calculadores banqueros inversionistas?

"Comencé preguntándoles cuántos de ellos habían
estado alguna vez en California. Los rostros fríos y
serios de esos hombres vestidos de negro no expre-
saron ninguna respuesta. Continué diciéndoles que era
un Estado maravilloso edificado sobre rayos de sol y
balsámicas brisas marinas. Kilómetros y kilómetros
de plantaciones de naranjos con sus hojas brillantes
llenan el aire de fragante perfume en los meses de
invierno. Suaves rayos solares acarician la piel trans-
formando su blancura en sonrisas cálidas y broncea-
das. De Iowa, Indiana, Illinois y Minnesota, fluyen
los turistas, todos los helados eneros, para tostarse en
este verde y florido Estado, y gastan su dinero. Y
cuando la primavera derrite el hielo de Chicago, vuelven a esa ciudad dejando atrás millones de dólares,
dinero que nunca más vuelve al Este, sino que se
queda allí, al sol radiante, para formar un fondo
financiero que crece, se expande y se hincha ¡como

un inmenso, inexplorado y subterráneo océano de petróleo!

"Al llegar a este punto me sentí arrastrado por el entusiasmo. Hasta el momento no había afirmado *nada preciso* pero concluí diciéndoles que cuando la guerra terminara, y ello sería pronto, los soldados que estuvieron en puestos militares en California construirían allí sus hogares. El Estado progresará explosivamente, y el Banco de América, dispuesto para establecer sucursales, ¡abrirá una sucursal en cada una de esas progresistas nuevas comunidades! Y nosotros estaremos preparados para absorber todo ese dinero. Terminé diciéndoles que eran ellos los primeros a quienes les brindábamos la oportunidad de invertir en lo que habría de ser, con toda seguridad, uno de los mayores y más importantes bancos del mundo."

Terminó su informe. Lo que vino después pertenece a la historia. Ese grupo de cautelosos financistas, compró íntegramente toda la emisión de valores ¡hasta el último dólar! ¡El entusiasmo logró realizar una transacción comercial de 50 millones de dólares! ¡En ese preciso instante el Banco de América se proyectó hacia el futuro!

Al entusiasmo no debemos desactivarlo...
¡debemos aprovecharlo!

"Rehúso seguir escuchando, no sea que por desdicha llegue a gustarme", fue el brusco comentario de Rimsky-Korsakov al abandonar el estreno de la ópera de Debussy *Pelléas et Melisande.*

—¿Por qué resistirnos al entusiasmo?

—Porque de lo contrario pudiera dejarme llevar por él y tendría que efectuar ciertos cambios —dicen las personas prisioneras de la tradición.

El hombre tiende a ser rutinario por naturaleza. Pareciera que encontráramos la horma de nuestro zapato. La inclinación a resistirse al progreso, a luchar contra todo cambio y a oponerse vigorosamente a toda idea nueva por brillante que ella sea, explica por qué el entusiasmo es visto por los imaginadores de imposibilidades como un peligro que debe ser resistido rígidamente: como una bomba que debe ser desactivada.

"Nunca se hizo así antes."

"No responde a la política de nuestra empresa."

"Se aparta de nuestra tradición." Con estas generalizaciones absolutas, irreflexivas y negativas ¡personas potencialmente entusiastas terminan siendo inútiles!

Por otra parte, los imaginadores de posibilidades responsables no son antitradicionalistas. Instintivamente presuponen que si algo ha entrado en el ámbito de la tradición, seguramente por algo será y tendrá su valor. Lo último que hace el imaginador de posibilidades es descartar la tradición. Con toda razón, respeto y humildad, teme destruir sin proponérselo un vital ingrediente de éxito en el componente de una fórmula que el tiempo y la experiencia demostraron ser altamente satisfactorio.

El empresario que se pasa el día buscando tradiciones para destruir es con toda seguridad un reaccionario irresponsable y negativo que busca como un neurótico llamar la atención sobre sí mismo en un desesperado intento de alimentar su débil ego.

¿Cómo se explica entonces que un maduro imaginador de posibilidades se anime a utilizar el entusiasmo que amenaza afectar una tradición sólida y demostrada? Porque tiene plena confianza en que debe haber alguna manera de adaptarse al progreso y detener, al mismo tiempo, los clásicos elementos de tradición forjada en el crisol de la experiencia.

Su actitud es la del hombre que sabe que ha trabajado bien y quiere hacerlo mejor. Por ello nunca *desactiva* el entusiasmo, sino que *utiliza* su poder creativo como una fuerza motivadora que lo empujará a él y a sus asociados hacia el progreso y la superación.

—Lo hicimos bien, hagámoslo mejor —se dice a sí mismo. —Con esta actitud positiva infunde entusiasmo para asegurar una constante renovación que de no ser así terminaría en una tradición en gradual declinación y decadencia. Las tradiciones que no son renovadas constantemente por un entusiasta deseo de superación, de ponerse al día, de expansión y mejoramiento, están condenadas a morir.

No permitamos que nada —incluso las críticas y las quejas— destruyan nuestro entusiasmo. Adoptemos la actitud positiva del gerente de la empresa que dice: "El departamento de quejas es nuestro departamento de control de calidad."

¡También en educación el entusiasmo obra maravillas!

"Uno de los obstáculos profesionales que sufren muchísimos de nuestros educadores, es una impulsiva reacción negativa al entusiasmo." El que así habló era un famoso profesor del secundario, que prefiere permanecer en el anonimato. Dijo más:

Rotulamos todo entusiasmo como nada más que una emoción no digna de confianza. Pero hay algo que nos estorba porque permitimos que los excesos de entusiasmo nos cieguen y nos impidan ver los éxitos del entusiasmo. De modo que señalamos los peligros del "sloganismo" y dejamos de señalar las posibilidades positivas de *slogans* generadores de entusiasmo. Damos por sentado que la emoción es *ipso facto* anti-intelectual. ¿El resultado de eso? Hacemos cuanto esfuerzo subconsciente podemos para anular lo emocional en los niños, ¡y luego nos quejamos por su falta de motivaciones y de aplicación!

La señora de Walthers es una de las más inspiradoras maestras en el Condado de Orange, California. Sus alumnos aprueban con excelentes notas y se divierten al estudiar.

—¿Cuál es su secreto? —le pregunté un domingo por la mañana, después del culto en la iglesia.

Sonrió. —Bueno, se trata de una ligera revisión del método tradicional. Comienzo el año lectivo dedicando la primera semana a lograr en mis alumnos una entusiasta actitud de imaginadores de posibilidades. Bien sé que muchos de estos alumnos nunca se destacaron por las notas que obtuvieron. Tienen una imagen negativa de sí mismos tan inamovible como una roca. Mi primera lección sobre pensamientos positivos, cual gotas tempraneras de lluvias primaverales, resbala por su epidermis como resbala el agua por las plumas de un pato. Se ríen interiormente y a veces hacen gestos despreciativos. Las clases segunda, tercera y cuarta —que incluyen bien escogidos *slogans*— comienzan a rendir sus frutos. Al quinto día les hago el primer examen. Esto los ablanda y puedo comenzar a plantar la semilla."

—¿Cuál es el examen? —le pregunté.

—Bueno, les informo que se trata de un examen escrito. Les digo, además, que los calificaré. Pondré la calificación en la libreta de notas como la primera del curso. Promediaré dicha nota al final del curso con las notas obtenidas en otros exámenes importantes. Escriban el examen y entréguenlo el próximo lunes.

Luego me entregó una copia. He aquí su texto.

SEIS PASOS PRACTICOS PARA TRANSFORMAR LOS DESEOS EN EXCELENTES NOTAS

"Si los deseos fueran caballos, los mendigos cabalgarían." He aquí seis pasos a dar; pero primero tienen que sentarse y HACER lo siguiente:

1. Fija en tu mente qué nota deseas. No es suficiente que digas "quiero buenas notas".

2. Decide qué *darás* a cambio de las buenas notas. Nunca se obtiene algo sin dar nada. Escribe qué es lo que darás, es decir ponlo por escrito.

3. Establece una fecha definida cuándo habrán de aparecer esas notas excelentes: el próximo examen, un *test*, un informe, *etc.*

4. Escribe un plan para ejecutar tu deseo y comienza *inmediatamente*. Pon tu plan en ejecución ya mismo, te halles o no preparado. Comienza AHORA.

5. Declara por escrito la nota que pretendes y escribe el tiempo máximo en que la quieres obtener; además debes decir qué darás a cambio como retribución por esas notas excelentes y describe claramente el plan que aplicarás para obtenerlas.

6. Lee en voz alta tu declaración escrita dos veces por día, lo último que hagas antes de meterte en cama y lo primero que hagas al levantarte. Concéntrate al leerla y cree que ya estás en posesión de dichas notas.

¡Sometámonos a este *test* nosotros mismos! Apliquemos estos principios a los sueños y metas que establecimos para cada uno de nosotros.

El entusiasmo libera ocultos poderes

Nada actúa tan ferozmente contra el entusiasmo como el imaginar imposibilidades. Algunas de las más brillantes luminarias del mundo de hoy son imaginadores de posibilidades, maestros en el arte de generar entusiasmo.

Años atrás en su libro *The Process of Education* (El proceso de la educación), Jerome Bruner desafió a la comunidad educacional con la pasmosa hipótesis: "Puede enseñarse eficazmente cualquier tema, de una manera intelectualmente honesta, a cualquier niño y en cualquier etapa de su crecimiento." Los recientes progresos realizados por entusiastas maestros imaginadores de posibilidades, trabajando con personas sordas, mudas e impedidas, confirman lo asegurado por Bruner.

Si bien la idea pareciera incongruente, muchos niños y adultos sordos aprenden a disfrutar de la música. El ritmo, la intensidad y el volumen son partes enseñables de la música.

Los niños sordos pueden aprender a reconocer vibraciones de tonos en diferentes partes del cuerpo, tales como los tonos bajos en el estómago y piernas, tonos medianos en la cavidad torácica y tonos altos en los senos frontales. En los últimos 24 años G. Von Bekesy, el investigador sicosomático laureado con el premio Nobel, ha llevado a cabo experimentos de percepción con el diapasón aplicado a la piel, pasando por alto el oído, y ha logrado provocar una sensación equivalente a la de la audición.

Entusiasmo: si lo necesitamos . . . ¡alimentémoslo!

¿Qué es el entusiasmo? ¿Cómo definir o explicar este poder que puede disolver montañas? Etimológicamente la palabra deriva de dos vocablos griegos: *"en"* y *"Teos"*. Traducido literalmente significan "en-Dios". Hablamos de tales personas como inspiradas. ¡Gente con espíritu! Llenemos nuestras vidas con el Dios Espíritu y se desatarán todos los poderes. En las palabras de un antiguo profeta hebreo, "El celo de Jehová de los ejércitos hará esto." (Isaías 9:7.)

Si alimentamos nuestras vidas con una fe alegre y positiva obtendremos los siguientes resultados:

1. Se abrirán a nuestros ojos grandes oportunidades.
2. Descubriremos magníficas soluciones.
3. Superaremos obstáculos imposibles.
4. Percibiremos sorpresas que Dios nos tiene reservadas.
5. Echaremos a rodar las nubes para que pase la luz del sol.

Eso es el entusiasmo. ¿Cómo adquirirlo? ¿Cómo alimentarlo? ¡Por el simple expediente de alimentar nuestras mentes con una actitud mental positiva!

Ahora tenemos que descubrir cómo alimentar nuestro entusiasmo con una actitud mental positiva.

CAPITULO 9

MANTENER LA "BATERIA" CARGADA CON UNA ACTITUD MENTAL POSITIVA

Un entusiasmo que nunca se esfuma. ¿Es posible tal cosa? La respuesta es positiva si mantenemos siempre una actitud mental positiva.

¿Pero está de acuerdo con la realidad? Me consta que así es. Años atrás, el sabio que escribió los Salmos, dijo en el primero de ellos que el hombre bienaventurado "será como árbol plantado junto a corrientes de agua, que da su fruto en su tiempo, y su hoja no cae; y todo lo que hace prosperará".

¿Decepciones? Tales personas no conocen el significado de esa palabra. Hablan de "revisión de sus esquemas". ¿Reveses? No entienden esa terminología. Hablan de "reagrupamiento". ¿Depresión? No es otra cosa que una brevísima falla del motor de su entusiasmo, para recordarles que el combustible en su tanque inspiracional de gasolina está casi agotado. De inmediato lo llenan con actitudes mentales positivas ¡y de nuevo en marcha!

Recordemos que los cínicos que piensan en términos negativos son rápidos para rotular a tales personas como espúreos. Muchos seres hu-

manos se sienten inclinados a sospechar de la auten-
ticidad de lo que aparece como una pretensión asombrosa; solamente cambian de parecer cuando lo ex-
perimentan personalmente.

Si mantenemos nuestro entusiasmo pletórico de pensamientos positivos, nos asombrará la transformación
que se operará en nuestra personalidad. Seremos como
árbol plantado junto a corrientes de agua; las hojas
no se ajarán ni se secarán.

Una lección vital en la vida

Dice la leyenda que un viejo y un muchacho nave-
gaban por un río, corriente abajo en medio de la selva
de un país lejano. El viejo sabio sacó una hoja que
flotaba en el agua y miró sus nervios. Volviéndose al
muchacho le preguntó: —¿Qué sabes, hijo, de estos
árboles?

El jovencito respondió: —Nada señor, pues aún
no he estudiado eso.

El viejo dijo: —Bueno, hijo, has perdido un 25
por ciento de tu vida— luego de lo cual arrojó la
hoja de vuelta al agua.

El agua los arrastró cerca de la orilla y el viejo
se agachó, hundió sus manos en el agua y sacó una
piedra reluciente. Le dio vuelta hasta que la piedra
brilló al sol. —Hijo, mira esta piedra. ¿Qué sabes
sobre la tierra?

El muchacho respondió: —Lo siento mucho, señor,
pero aún no he estudiado eso.

El viejo arrojó la piedra de vuelto al agua, y dirigiéndose al muchacho le habló: —Hijo, has perdido
otro 25 por ciento de tu vida si no conoces nada sobre
la tierra. A esta altura has perdido el 50 por ciento
de tu vida.

Continuaron su viaje y cayó la noche. Apareció la
primera estrella en el firmamento. El viejo elevó sus
ojos al cielo y habló al muchacho: —Hijo, mira esa
estrella. ¿Conoces su nombre? ¿Qué sabes sobre los
cielos?

El muchacho respondió: —Lo siento, señor, tampoco hemos estudiado eso todavía.

El viejo le reconvino: —Hijo, no conoces los árboles, no conoces la tierra, no conoces el cielo; has perdido un 75 por ciento de tu vida.

De pronto escucharon, desde la dirección hacia la cual iban, el estruendo y el retumbar de una correntada. La canoa fue cogida en una rápida corriente que la arrastró hacia los veloces rápidos. El muchacho gritó: —¡Es una catarata! ¡Tiene que saltar! ¿Qué sabe usted sobre la natación?

El viejo respondió: —Todavía no he estudiado la natación.

El muchacho respondió con rapidez. —Ha perdido el 100 por ciento de su vida si no sabe nadar.

Tan importante como saber nadar en caso de naufragio, es la urgencia para que desarrollemos una actitud mental positiva. Con ella triunfaremos. Sin ella nuestro entusiasmo no podrá sobrevivir.

Nueve principios para lograr y mantener una actitud mental positiva

Durante años he observado, estudiado y analizado gente que mantiene permanentemente una actitud mental positiva. Hay principios universales que actúan sobre su mentalidad que les permiten mantener sin variantes su pensar positivo. Esos principios están a nuestro alcance.

1. *Digamos algo positivo a todas las personas con quienes nos encontremos todos los días, cualesquiera sea la situación imperante en ese momento.* ¿Poco práctico? Sí, si somos imaginadores de imposibilidades, pero muy práctico si somos imaginadores de posibilidades. Los entusiastas habitualmente tienen alguna buena noticia para informar, un cálido saludo, un cuento divertido, un informe que eleva el ánimo, una predicción optimista. Da gusto verlo venir a nuestro encuentro. ¡Trae buenas noticias!

Durante una travesía por el Océano Pacífico anunciaron que a las cuatro de la tarde de un cierto día pasaríamos por unos peligrosos arrecifes de coral cerca de la isla Thursday, donde en el sitio más crítico el barco, de 12 metros de ancho, tendría que atravesar un angosto pasadizo en el arrecife, de solamente 21 metros de ancho. A las tres y media todos los pasajeros se reunieron en la cubierta y ascendió al barco un práctico australiano que dirigiría el barco en esa parte del viaje. Al aproximarnos a las boyas alguien comentó: —La quilla se hunde 8,70 metros y el arrecife está a 9,30 metros. —Esas palabras tuvieron un pésimo efecto sobre los pasajeros. Un rato antes comentaban entusiasmados los hermosos colores y matices de los corales en el mar. Ahora estaban tensos y ansiosos. Nadie hablaba.

Pero a bordo había un pensador positivo, que respondió: —¡Pero sobran 60 centímetros! Avanzamos apenas a 27 kilómetros por hora. Y además el fondo no se mueve. No nos preocupamos cuando manejamos un vehículo a 95 kilómetros por hora y avanzamos al encuentro de otro vehículo que corre a la misma velocidad en dirección opuesta. Y el espacio entre ambos vehículos, al pasarnos, muchas veces es menor a los 60 centímetros. De pronto todos los pasajeros se rieron y se maravillaron entusiastamente cuando nuestro barco sorteó, hábilmente dirigido, la peligrosa trampa en el fondo del mar.

Lois Wendell ha sido mi secretaria personal durante catorce años. Doce años atrás recibí de ella un llamado telefónico. Su voz denotaba gran preocupación. —Bob —dudó un momento antes de lanzar la infausta nueva, —acabo de descubrir que tengo cáncer. Es uno de los tipos más virulentos— me dijo.

Precipitadamente me dirigí a su casa. Al estacionar frente a su domicilio pensé: —¿Qué, en el nombre de Dios, puedo decirle? Oré y esperé que Dios me ayudara a decir lo más apropiado. Años después me recordó lo que dije:

Oraste, Bob, y tu oración positiva modificó totalmente mis pensamientos temerosos, dándome una gran paz. Tu oración fue una oración de acción de gracias. "Oh, Dios, estamos muy agradecidos hoy. Te agradecemos que hemos descubierto esta enfermedad maligna muy a tiempo. Te agradecemos porque vivimos en un país donde podemos contar con la mejor y más excelente ayuda médica. Te agrademos que vivimos en momentos en que se realizan grandes progresos en el tratamiento del cáncer. Te agradecemos porque Lois está rodeada de un gran número de amigos que la pueden alentar... un esposo, gracias Dios por él, amigos cristianos, familiares, vecinos, ¡gracias a Dios, por ellos! Y por sobre todas las cosas te agradecemos, Señor, porque Lois posee el don de una magnífica fe. Ella no sabe qué le depara el futuro, ¡pero sabe de quién depende el futuro! Amén."

He escogido deliberadamente esta ilustración extrema para probar lo que yo creo con todas las células de mi ser, de que podemos hallar algo positivo para decirle a todas las personas con quienes nos encontramos todos los días, cualesquiera que sean las circunstancias.

Estos principios, aplicados regularmente, obrarán milagros. Es increíblemente sencillo. Pronto se hace un hábito agradable, especialmente cuando lo relacionamos con el principio número dos.

2. *Veamos algo positivo todos los días en todas las situaciones.* ¡Busquemos lo bueno y lo hallaremos!

Un joven pastor de una pequeña iglesia en el Oeste dudaba sobre el poder que significa Imaginar Posibilidades, aún después de asistir a unos cursos dictados en el *Garden Grove Community Church*. Sus propias ideas para el progreso de su iglesia yacían enterradas bajo una montaña de problemas, ¡el más grave de los cuales era un mimeógrafo arruinado! El magro presupuesto de la iglesia no permitía contratar una secretaria y el mimeógrafo había superado en mucho su vida útil. Una tarde el joven pastor luchaba denodadamente para imprimr el boletín de la iglesia, y logró ensuciarse la camisa y los pantalones con tinta y gastar el doble del papel necesario. Entonces recordó algo que escuchó durante los cursos a que asistió: *Todo problema constituye una oportunidad.*

He aquí su relato: "En realidad nunca había creído en ese tema de Imaginar Posibilidades. Seguía siendo un cínico. Resultaba para Schuller, pero seguramente no para mí. ¿Y si obrara también para mí? Recordé el título de una de las conferencias: "Podría obrar... ¡pruébalo!" ¡Decidí probar! Seguí el principio que dice: *Usa tu problema como argumento para vender una buena idea.* Decidí no cambiarme la ropa manchada de tinta y vestirla esa noche en la reunión de la Junta Directiva de la iglesia."

Varias horas después estaba de pie frente a los miembros de la Junta, diciéndoles: "Han de preguntarse, por supuesto, por qué visto esta ropa manchada para asistir a la reunión. Les ruego que me sigan a la pieza que utilizo para las impresiones y les mostraré el culpable, el viejo y arruinado mimeógrafo. Señores, no solamente manché la ropa ¡sino que inutilicé 600 hojas de papel para imprimir 50! La pérdida de tinta empeora todos los días y, para colmo de males, el precio de los mimeógrafos aumenta día a día."

La Junta Directiva de esa iglesia estaba formada en su mayor parte por comerciantes que comprendieron rápidamente que les costaría más si dejaban pasar el tiempo. Uno de los ancianos metió su mano en el bolsillo, sacó su cartera y dijo: —Reverendo, aquí tiene 20 dólares.

Otro de los miembros dijo: —Yo voy a poner otro tanto.

Antes de terminar la reunión el joven pastor había reunido trescientos dólares, lo suficiente como para comprar un nuevo mimeógrafo. Estaba abrumado de alegría sin poder dar crédito a lo ocurrido. Entonces pensó para sus adentros que el Imaginar Posibilidades

¡actuaba, sin duda alguna! "Tal vez la gente venga a la iglesia si se lo pido." Comenzó una tarea de visitación puerta por puerta, cosa que nunca antes había hecho en su vida. Habló a la gente con entusiasmo y exuberancia. ¡Gente totalmente desconocida se afilió a la iglesia! El entusiasmo se expandió. Al finalizar ese año se habían unido a la iglesia 60 miembros.

"A ese paso", razonó el pastor, "tendremos 600 miembros en 10 años, 1.200 en veinte, 1.800 en treinta años. Nuestro terreno de 8.000 metros cuadrados no será suficiente para brindarle comodidades a tanta gente."

Compartió sus pensamientos con los miembros de la Junta Directiva. Doce meses después el joven pastor compró, con el leal apoyo de su membresía, un terreno de ocho hectáreas para construir una nueva iglesia más grande. Sobre una mesa de dibujo, en la iglesia, hay varios preciosos planos para construir una fantástica iglesia ¡a inaugurar en el siglo 21!

3. *Pensemos habitualmente que "es probable que resulte"*. Cuando veamos la parte positiva de una situación, hagamos lo que hizo el joven pastor. Pensemos que es probable que resulte. Esto alimenta la mente con pensamientos positivos generadores de entusiasmo.

Una francesa, pensadora positiva, vivía en una casita en la región pantanosa de Louisiana. A ella le encantaba. Sin embargo, estaba rodeada de señoras, pensadoras negativas, que protestaban y se quejaban por "vivir en esta zona despoblada y desolada".

Cierto día la pensadora positiva se hartó de escucharlas. Reprendió a las desagradables y descontentas residentes francesas, diciéndoles: "Vivimos en esta zona de aguas estancadas. Pero esta zona se conecta con un río. El río desemboca en el golfo. El golfo se une al océano. Y las aguas del océano tocan las costas de todos los países del mundo. Desde aquí, donde estamos, podemos ir a cualquier parte."

Al saber que desde el sitio donde estamos podemos

ir a cualquier parte, comenzamos a creer que podremos triunfar. Sigamos adelante y actuemos según el principio número 4.

4. *Designémonos nosotros mismos presidentes de nuestro propio club.* *"¿Por qué no?"* Ed, joven y destacado abogado de Los Angeles, graduado en la Facultad de Derecho de la Universidad de Harvard, está casado con Vicki, hermosa azafata de una línea aérea. Tanto él como su esposa comenzaron a preguntarse: —¿Qué podemos hacer como cristianos para ayudar a otros?

Al aproximarse el Día de Acción de Gracias, recordaron que había centenares de ancianos desamparados y abandonados, y que vivían en pequeños apartamentos o en casas de huéspedes.

Decidieron dar un almuerzo de Acción de Gracias para esa gente solitaria y olvidada. Ed fue a uno de los hoteles de la ciudad. Le preguntó al gerente si habría disponible uno de los grandes salones que se utilizan en las convenciones, para servir un almuerzo a los ancianos, el Día de Acción de Gracias. La respuesta fue brusca y negativa. Ed lo miró al gerente y le preguntó: —¿Por qué no?

Después de dudar unos instantes, el gerente respondió: —Bueno, está bien.

Ed visitó a continuación algunas de las empresas que él atendía como abogado. Sabía que disponían de fondos para caridad y les pidió que colaboraran con su idea. La idea fue la siguiente: —Nuestra política es contraria a tales donativos. Actualmente no podemos darle nada. Lo sentimos mucho, Ed.

Nuevamente Ed preguntó: —¿Por qué no?

Y una vez más tuvo éxito. Obtuvo el dinero necesario. Su esposa ideó el menú, compró los pavos, las verduras, el postre e hizo los arreglos necesarios para que una casa especializada cocinara todo y lo entregara ya preparado al hotel.

Cuando Ed y Vicki se sentaron ansiosamente en el hotel a las once y media de la mañana, los asaltó un pensamiento. ¿Y si ninguna de todas esas personas aceptaba la invitación? Habían enviado volantes a muchos pequeños hoteles y casas de huéspedes con la siguiente invitación: "Bienvenidos a un almuerzo de Acción de Gracias."

No habían recibido hasta el momento ninguna respuesta directa y no sabían cuánta gente vendría, si mil o una sola. El almuerzo estaba anunciado para el mediodía. A las once y cuarenta una viejecita, cojeando y apoyada en un bastón, entró al hotel y preguntó: —¿Es aquí donde anunciaron un almuerzo?

Ed dice que se alegró tanto de verla que le entraron ganas de darle un beso. Por lo menos contaban seguro con una invitada. Al poco rato llegaron otros; y más y más. Cuando finalmente se sentaron a comer, había trescientas personas compartiendo el espíritu del Día de Acción de Gracias. Fue una maravillosa experiencia.

Ed y Vicki decidieron fundar el club ¿*"Por qué no?"* asignándose la presidencia y la vicepresidencia respectivamente.

El resultado de ese almuerzo fue tan inspirador, que Ed y Vicki decidieron repetir la experiencia en Navidad para los niños menesterosos de Watts, una sección de Los Angeles. Una vez más se preguntaron, —¿*Por qué no?*

Festejaron la Navidad 400 niños de hogares pobres. Les dieron comida y regalos, les cantaron canciones navideñas y les hablaron la buena palabra del nacimiento de Jesucristo.

¿*Por qué no?* Si se nos ocurre una buena idea y no hacemos nada al respecto, otro lo hará. ¿Por qué no nosotros? Algunos tienen éxito en este preciso instante. Preguntémonos: —¿Si ellos lo pueden hacer, por qué no yo?

A Robert Kennedy le gustaba decir: "Ciertos hombres ven las cosas tal cual son, y se preguntan, ¿*por qué?* Yo sueño cosas que nunca ocurrieron y me pregunto: ¿*Por qué no?*

5. *Activemos toda idea positiva que se nos ocurra con el ingrediente H.A.* (*Hazlo Ahora.*) Nunca permitamos que una idea positiva se seque en la parra. Debemos capturarla y hacerla nuestra. No debemos dejar que se muera en el limbo de la inacción. Activémosla o se evaporará.

Cuando a mi mente llegan ideas positivas, las anoto de inmediato. Esto reviste una máxima importancia. Tengamos siempre a mano un anotador para presuntas ideas. Al lado de cada idea escribamos H.A., es decir Hazlo Ahora. Lo que debemos hacer hagámoslo ahora pues de lo contrario lo hará otro y habremos quedado en el vagón de cola.

Sir Alexander Fleming, el bacteriólogo escocés, laureado con el premio Nobel, fue quien descubrió la penicilina, ese salvador antibiótico. Una mañana, en su laboratorio de la Universidad de Londres, observó que habían muerto las bacterias en un caldo de cultivo a consecuencia de la presencia de un hongo. Tomó un poco del moho y lo metió en un tubo de ensayo, para su posterior estudio. "Lo que más me impresionó" comentó un observador "es que luego de su observación actuó de inmediato. ¡Cuántos de nosotros al observar algún hecho insólito no vamos más allá de expresar que es algo interesante pero no hacemos nada al respecto!"

Plantamos una semilla cuando actuamos en función de una idea positiva. Y si plantamos una semilla ¡es lógico esperar que ocurrirá algo maravilloso!

6. *Practiquemos probabilidades positivas.* ¿Por qué algunas personas se muestran siempre entusiastas? Porque esperan que habrán de ocurrir cosas entusiastas.

Cuando siento que el nivel de mi entusiasmo está por debajo del alto nivel de energía que me he fijado para mí mismo, casi siempre puedo detectar la causa: no espero que nada emocionante ocurra hoy. La solución es bien simple. ¡Debemos proyectar algo emocionante! Si se nos ocurre una idea emocionante es seguro que algo sucederá.

Varios años atrás el doctor Norman Vincent Peale y un reducido grupo del *Marble Collegiate Church* decidieron que al fin del año pondrían a prueba el poder de la expectativa. Cada una de las personas de ese grupo escribió sus expectativas o esperanzas del Año Nuevo que se iniciaba, metió el escrito en un sobre y lo selló. Resolvieron reunirse y leerlas en voz alta en la misma fecha del año siguiente. Vale la pena mencionar algunos de los resultados. Un hombre escribió: "Todo lo que puedo esperar del año próximo es la misma vida miserable." Sus expectativas se cumplieron. Una mujer anotó diez importantes metas que esperaba alcanzar; logró nueve de ellas. Admitió que alcanzó esas metas porque esperaba alcanzarlas y trabajó con ahinco para ello. Un hombre de los del grupo murió durante ese año. Cuando el grupo se reunió de nuevo abrieron su sobre. Sus expectativas decían: "Dado que ninguno de los hombres en mi familia vivió más de sesenta años, es probable que muera el próximo año." Murió un mes antes de su sexagésimo cumpleaños. Esperemos siempre lo mejor y nuestro entusiasmo se mantendrá a un elevado nivel.

7. *Ejercitemos el poder de lo positivo.* Supongamos que nuestras esperanzadas expectativas nunca se cumplan. En ese caso apliquemos el siguiente principio: enumeremos nuestras bendiciones y no nuestros problemas, y con esa actitud nuestros espíritus se mantendrán vigorosos. Una carta recibida de una mujer ilustra cabalmente el "pero" positivo. En una de sus partes dice así:

Perdí a mi esposo "pero" aún tengo a mis hijos, gracias a Dios. Nuestras acciones bajaron drásticamente, "pero" tengo mi casa ya pagada, y eso significa muchísimo. Mi audición ha empeorado últimamente, "pero" mi vista es buena lo que me permite leer. Mi hijo se fue a otro Estado, "pero" le hablo semanalmente por teléfono durante algunos minutos.

8. *Disciplinémonos para poder reaccionar en forma positiva.* Se le preguntó una vez al doctor Norman Vincent Peale en qué medida aplicaba el pensar positivo. El doctor Peale respondió: "Lo aplico en todas las situaciones sobre las cuales ejerzo control." Habrá ocasiones en nuestra vida que escapan a nuestro control. Supongamos que alguien íntimamente relacionado con nosotros muere víctima de un accidente automovilístico. No tuvimos control alguno sobre esta trágica desgracia, "pero" *podemos controlar nuestras reacciones.* ¿Cómo nos afectará ese hecho? La desdicha o el infortunio nunca nos deja como nos encontró. Se operará un cambio en nuestras vidas. De ahí en más seremos mejores o peores. Nosotros hacemos la elección. Debemos ser "reaccionarios" positivos. Usemos nuestra cabeza. Saquemos el mayor provecho de la situación; reaccionemos positivamente y en lugar de incrementar la tristeza, agravando la pesadumbre, reduzcamos sus efectos destructivos permitiendo que de todo ello salga algo bueno.

J. Wallace Hamilton refiere que estuvo en el desierto, en la sección entre árabes e israelíes. Vio a un muchacho que tocaba la flauta y lo llamó. Al aproximarse el niño, Hamilton vio que la flauta estaba construida con el caño de un fusil. Un instrumento de destrucción había sido convertido en instrumento de música. Esa es una reacción positiva. "La vida" dijo alguien, "es diez por ciento lo que te ocurre a ti y noventa por cierto *cómo reaccionas frente a lo que te ocurre.*"

Recordemos quiénes somos. Somos Imaginadores de Posibilidades. La regla de oro es: "¡El Imaginador de Posibilidades jamás se da por vencido!, sencillamente se ajusta a la situación. Es posible que haga una revisión de su horario. Puede también bajar el nivel de sus proyectos. Tal vez deba reajustar sus recursos.

Puede que tenga que orientar las velas... ¡pero jamás renunciará!"

"Es la etapa de la espera", debemos recordarnos. "Aguarda a Jehová; esfuérzate, y aliéntese tu corazón; Sí, espera a Jehová." (Salmo 27:14.)

9. *Mantengamos nuestras emociones positivas permanentemente cargadas*. Emociones positivas generan nuevos entusiasmos. Si permitimos que nos dominen las emociones negativas nos volveremos pesimistas decepcionados, deprimidos, irritados y frustrados. Permitamos que sean las emociones positivas las que dirigen nuestra personalidad, y el entusiasmo inundará nuestro ser. Nos sentiremos en armonía con el universo. Permitamos que las emociones negativas penetren en nuestras mentes y "sentiremos" vibraciones negativas que nos llenan de una sensación interior de discordancia y desarmonía. No llevamos el paso con el ritmo cósmico del universo.

Somos seres rítmicos

"El hombre es, esencialmente, un ser rítmico", escribe el doctor Giacobbe. "Hay ritmo en el descanso, en la actividad, en el comer, en el dormir, en el latido cardíaco y pautas armónicas en la respiración, en el resuello, en el caminar. Muchos órganos, tales como los riñones y el hígado, no pueden funcionar largo tiempo sin la presencia de una pulsación rítmica en el torrente sanguíneo."

Igualmente importante resulta descubrir que nuestra mente, al igual que el resto del organismo, actúa en función de ritmo. En el año 1923 el profesor Hans Berger fue el primero en demostrar en su laboratorio la presencia del ritmo en el cerebro humano. De acuerdo al número de abril de 1972 del *Music Educators Journal*, (Revista de profesores de música), constató que las ondas eran constantes en frecuencia y que sufrían la influencia ejercida por diversos estados físicos y mentales. Edward Podolsky en su libro *Music Therapy* (Terapia musical) dijo: "La famosa afirmación

de Descartes de que *pienso luego existo*, debería haber
sido tal vez, *tengo ritmo, luego existo*." Más aún, el
mismo Podolsky afirma que: "Se ha descubierto ahora
que el ritmo musical ejerce un profundo efecto sobre
el ritmo cerebral y, por lo tanto, sobre el funciona-
lismo cerebral." Podolsky descubrió, además, que lo
armonioso o discordante del ritmo cerebral depende
del estímulo utilizado. Comprobó que el ritmo musical
ejerce un profundo efecto sobre el ritmo cerebral y
el ritmo cerebral afecta, a su vez, el funcionamiento
cerebral.

¿Qué tiene que ver todo esto con el entusiasmo?
Podemos determinar nuestro ritmo cerebral según las
emociones con que lo alimentamos. Las emociones positivas estimulan ritmos armoniosos que producen un
perpetuo entusiasmo. Los pensamientos negativos producen emociones negativas que provocan a su vez, dis-
cordancias mentales que en un abrir y cerrar de ojos
anulan todo vestigio de entusiasmo. Las emociones
negativas anulan el ritmo armónico interno. Se instala
la tensión. ¡Cesa la música! En el momento en que
alimentamos nuestro cerebro con emociones positivas
se reanuda el ritmo natural. ¡Nuevamente se escu-
chan los compases armónicos! Empezamos de nuevo a
silbar.

Para mantener nuestras baterías cargadas con emociones positivas, debemos desarrollar una sensibilidad
discriminatoria que nos permita percibir la diferencia
entre emociones positivas y negativas. La siguiente
lista nos ayudará. Observemos que Dios ordenó de
tal manera el carácter emocional humano, que ofrece
una "cura" por cada "enfermedad"; una emoción positiva que podemos elegir para eliminar la negativa.

Emociones positivas	*Emociones negativas*
Fe	Preocupación
Esperanza	Desesperación
Amor	Enojo (Odio)

Confianza	Sospecha
Creencia	Cinismo
Coraje	Temor
Gozo	Tristeza
Alegría	Melancolía
Seguridad	Ansiedad
Admiración	Celos
Determinación	Resignación
Inspiración	Inflamación
Gratitud	Queja
Optimismo	Pesimismo
Amistad	Hostilidad
Humorismo	Tensión
Autorrespeto	Autocondenación
Eficacia	Futilidad
Libertad	Esclavitud
Aceptación	Juzgamiento
Obsequiosidad	Crítica
Ambición	Letargo
Clemencia	Culpa
Generosidad	Codicia
Aspiración	Aislamiento

A continuación sometámonos a algunos *tests*. ¿Qué sentimientos nos dominan? Mantengamos estimuladas y cargadas las emociones positivas y tendremos una actitud mental positiva. Y al hacerlo así nuestra mente estará en armonía con la Mente Cósmica. A este poder superior le llamamos "Dios". Jesús le dio a ese poder superior el nombre de "Mi Padre Celestial". Cuando hayamos aprendido a vivir en armonía con este Ritmo del universo, nos conectaremos a una Fuerza Espiritual que nos garantizará un entusiasmo siempre creciente.

Tenemos la facultad de poder escoger
nuestra hechura emocional

Esto lo hacemos escogiendo el estímulo al cual nos exponemos.

1. Controlemos nuestras lecturas. ¿Cuáles emociones estimulan? ¿Las positivas o las negativas?

2. ¿Y qué decir de las conferencias, programas televisivos y diversiones? ¿Son estímulos positivos o negativos?

3. ¿Qué influencia recibimos de nuestros amigos?

4. ¿De qué manera la religión o la falta de ella afecta nuestra hechura emocional?

5. Analicemos nuestras conversaciones. El lenguaje genera vibraciones positivas o negativas. ¿Qué tipo de conversadores somos?

Mucho se ha dicho y se ha escrito sobre el hecho de que los colores, el vocabulario, la arquitectura, la música, aún el admirar un paisaje, producen vibraciones emotivo-estimulantes, ya sean positivas o negativas. El rojo excita. El verde tranquiliza. Los arquitectos de parques y paseos sostienen que ciertas plantas, tales como el cactus, tienen un toque dramático, en tanto los pinos y sauces tienen una influencia calmante sobre los individuos. Algunos edificios son "fríos" en tanto otros son "cálidos".

En cuanto a nuestro vocabulario ¿es nuestro amigo o nuestro enemigo? Reviste la máxima importancia el hecho de que el uso de las palabras en nuestro lenguaje diario generará sensaciones negativas o vibraciones positivas. —Perdí a mi padre— le dije a un amigo al poco tiempo de morir papá. Me corrigió: —Nunca uses la palabra "perdido". Es negativa. No está "perdido" y no "murió". Se ha "adelantado" y todavía lo "recuerdas".

Los estudiosos de la hipnosis conocen el enorme valor de las palabras, como lo conocen todos los expertos en relaciones públicas, los diplomáticos, los especialistas en comunicación y los expertos en propaganda. También nosotros podemos ser expertos.

> *Las afirmaciones positivas*
> *engendran ritmos positivos*

Para mantener una sensación de armonía interior positiva y emocionalmente cargada, recordemos la siguiente regla: *Nunca expresemos verbalmente una emoción negativa*. ¿Qué hacer cuando sintamos un arranque de emoción negativa? Nunca digamos "estoy cansado, o enojado o dolido", pues de hacerlo así vigorizaremos las fuerzas negativas. Eso es literalmente ceder y rendir nuestra voluntad al enemigo. Nada hay más destructivo. Por contraste, las afirmaciones positivas anulan las emociones negativas antes de que nazcan. La única manera inteligente de luchar contra las malezas es plantar pasto grueso y vigoroso. La única manera exitosa de destruir una emoción negativa es expresar verbalmente una afirmación positiva. Contraatacamos la emoción negativa invasora disparándole la contrapartida positiva. ¿Cómo? Haciendo una afirmación que pondrá en libertad las emociones positivas. Por ejemplo, nos sentimos mal porque no podemos dejar de fumar. No debemos expresar negativamente esa sensación, en forma verbal y decir: —Ojalá pudiera dejar de fumar.

Si lo expresamos de esa manera, en realidad nos rendimos a esa fuerza maligna y nos sentimos apabullados por ella. Debemos decir: —Disfruto no fumar. —Me encanta la sensación de verme libre de ese esclavizante hábito. —Me encanta el gusto limpio que tengo en la boca desde que dejé de fumar.

Al emitir estas últimas palabras, hemos *comenzado* a dejar de fumar.

Problemas matrimoniales

¿Tenemos problemas emocionales en nuestra vida conyugal? No confiemos en los sentimientos negativos. Por lo tanto no debemos dejarnos dominar por emociones negativas y expresar, por ejemplo: —He dejado de amar a mi esposa.

Debemos en cambio, decir: —Han cambiado mis sentimientos hacia ella. No entiendo estos nuevos sentimientos, pero lo que sí sé es que debe poseer muchas cualidades excelentes, pues de lo contrario no me habría casado con ella.

Transformar a las personas que nos rodean

Esta es otra de las llaves que nos abren las puertas al éxito. Regularmente dicto conferencias para pastores sobre la manera de predicar para cambiar o transformar a la gente. No hay que decirles que son pecadores. Los pecadores nos creerán... ¡y no haremos más que reforzarles esta autoimagen! Grabaremos firmemente esta impresión negativa en sus mentes y su conducta probará cuán en lo cierto estábamos. Coloquemos una imagen negativa en la película de su subconsciente y por supuesto, al revelarla ¡tendremos una fotografía negativa! Si, por el contrario, afirmamos positivamente que son las personas que quisiéramos que fuesen, alcanzarán el nivel que esperamos de ellas. Jesús dijo: "Vosotros *sois* la sal de la tierra." (Mateo 5:13.) Las afirmaciones positivas producen esperanzas o expectativas positivas, ¡que producen entusiasmo positivo!

Usemos afirmaciones positivas para lograr ser la persona que queremos ser. Afirmemos: —Adelgazo todos los días. —Adquiero más conocimientos todos los días. —Todos los años construyo una mayor base financiera. —Cada año que pasa soy más cortés y agradable.

Seguidamente leamos las siete afirmaciones de poder que nos permitirán seguir en la brega cuando pareciera que todas nuestras esperanzas, sueños y razones para vivir se han desmoronado a nuestro alrededor.

CAPITULO 10

NUNCA RENUNCIAR

—Las noticias que debo darte no son buenas —dijo el médico al mirar con rostro grave a Pat Nordberg, de 32 años de edad. Su esposo, Olie, le tomó la mano.

—Siga, doctor— dijo Pat.

—Tienes un aneurisma en la región más inaccesible del cerebro. Tu condición no permite abrigar esperanzas de que mejores. Puedes morir en cualquier momento. Por otro lado, puedes tener suerte y vivir sin intervención alguna de nuestra parte.

El médico continuó con el escueto y frío informe de los hechos:

—¿Cirugía? Diría que hay un diez por ciento de posibilidades de supervivencia. Tendríamos que sacar el cerebro de su entorno óseo y sostenerlo íntegramente en nuestras manos. Y no sabemos qué consecuencias tendría todo eso sobre tu estado mental, si sales con vida de la operación.

Aturdidos por la noticia, Olie y Pat caminaron a la playa de estacionamiento como si anduvieran en un mundo irreal. Un amor sin palabras intercomunicaba sus corazones al dirigirse a su hogar.

—¡Mamita, mamita!— gritó su hijito de cinco años en tanto corría a refugiarse en el cálido brazo de su hermosa madre. Justamente por su esposo y por su hijo se le hacía dificilísimo tomar una decisión. ¿Escogería la intervención quirúrgica con tan solo una probabilidad en diez de supervivencia? ¿Debería dejar las cosas como estaban y esperar que el próximo dolor de cabeza no llegara nunca? Recordaba la primera jaqueca que sufrió, algunos meses atrás. Sintió cuando se rompió el vaso sanguíneo y el líquido tibio se esparció por su cerebro bajo el cráneo. Luego se desmayó.

Se tomaron nuevas radiografías. El mismo diagnóstico. Ahí estaba el aneurisma.

—Pat— dijo el médico —éste es un aneurisma grande. Si se rompe, morirás con toda seguridad. —Luego explicó: —Un aneurisma es un engrosamiento de un vaso sanguíneo, cuyas paredes son frágiles y débiles; nunca podemos anticipar en qué momento se romperá.

¿Por qué yo? ¿Qué es lo que he hecho? Siempre fui una buena persona. La autoconmiseración se mezclaba con el enojo mientras Pat lloraba sola en su dormitorio. A kilómetros de distancia Olie, un brillante graduado de la Facultad de Ciencias Económicas de la Universidad de Harvard, oraba a Dios pidiendo su dirección, entre llamadas telefónicas de clientes que se mostraban inquietos y trastornados por sus "enormes problemas".

"Buscad primeramente el reino de Dios." Las palabras surgieron de la nada en la mente de Pat. Como la dulce música que inunda una pieza incorporando un toque placentero, así el arribo de este versículo bíblico trajo una divina paz a esta mujer de ojos enrojecidos de tanto llorar. Supo ahora, sin una sombra de duda, lo que tenía que hacer.

Llamó por teléfono a Olie. —Querido, ya no tengo miedo. Yo sé que si muero Dios hallará alguien mejor que yo para amar a mi hijo y a mi esposo.

Luego de una pausa, con absoluta calma le dijo tranquilamente: —Olie, voy a ver al médico para hacerle saber que me he decidido por la operación.

—Pat será operada. La internan mañana por la mañana.

Con esas palabras la vecina de Pat esparció la noticia de casa en casa en la calle donde vivían, en Fullerton, California. Y añadió: —Olie la llevará al hospital, de camino a su oficina; no le dan muchas esperanzas de volver con vida o mentalmente sana, pero ella asegura que Dios la dirigió para tomar esa decisión.

A la mañana siguiente un manto de tristeza cubrió las cocinas de toda la calle. Los niños se dirigían presurosos a la escuela, los maridos al trabajo, pero las mujeres de cada hogar vigilaban atentamente sus relojes. Olie saldría de su casa a las ocho en punto. Una vecina les dijo a las demás: —Salgamos todas a las puertas de calle para despedirla y tirarle un beso, una sonrisa y una oración.

Con toda calma y tranquilidad Pat se metió en el auto en tanto Olie se hizo cargo de la pequeña maleta con los enseres personales de su esposa. Abrió la puerta del garage y sacó el automóvil a la calle. Pat vio a sus vecinas a todo lo largo de la cuadra y a ambos lados de la calle. Sonrió.

De la misma manera que los niños hacen linternas con calabazas, cortándoles aberturas que semejan los ojos, la nariz y la boca, así el cirujano se abrió camino a través del cráneo, con serrucho y taladro, hasta llegar al cerebro. Luego metió sus manos en la cavidad craneal y tomó el cerebro de la joven madre en sus manos enguantadas y extirpó la sección débil de una arteria importante, a punto de estallar. Con toda delicadeza y ternura, casi con un toque de reverencia, colocó el cerebro nuevamente en su lugar y comenzó la tarea de cerrar la abertura.

Como si fuera el trozo extirpado de una linterna de calabaza, así la sección abierta del cráneo es colocado nuevamente en su lugar y protegido por una placa metálica. Luego se sutura el cuero cabelludo que fue cortado y apartado antes de perforar el cráneo. Si sobrevivía a la operación, el cabello crecería de nuevo, con el tiempo.

Para el esposo, que esperaba, la operación duró una eternidad. —¿Vivía aún? ¿Lo reconocería en caso de sobrevivir? ¿Su vida transcurriría en una existencia vegetativa? ¿Sería una maniática o una infantiloide? ¿O sería... te lo ruego Dios, la misma Pat que siempre amé?

Estos eran algunos de los grandes interrogantes que se le plantearon a Olie mientras esperaba y oraba con su rostro húmedo enterrado entre las manos.

—¿Olie?— la conocida voz del médico lo hizo ponerse de pie de un salto. Miró al sombrío cirujano.

—La operación ha terminado, Ollie —dijo el médico—. Lo único que podemos hacer ahora es esperar... y orar. Han de pasar varios días antes de saber si vivirá y, en caso afirmativo, cuál será su verdadera condición.

Más de eso nada podía esperar Olie.

Su cabeza raspada, envuelta en un vendaje blanco, inmóvil en el centro de la almohada, le daba un aspecto cadavérico. Día tras día, las veinticuatro horas del día las enfermeras aguardaban, esperando alguna señal de conciencia. ¿Abriría sus ojos? ¿Movería sus labios? ¿Volvería a hablar?

A la mañana del cuarto día después de la operación, la enfermera especial que la atendía, que momentáneamente se había dado vuelta, escuchó unas palabras dichas en voz baja pero con toda claridad: —¿Podría alcanzarme un lápiz labial, por favor?

Al darse vuelta vio que Pat la miraba con sus ojos bien abiertos y alertas, suficientemente bien, desde el punto de vista mental, para querer hermosearse.

Bueno hubiera sido que las frases se repitieran con la misma claridad. Durante las próximas semanas el dañado cerebro de Pat le impedía sostener una conversación normal. Las palabras se le mezclaban y no guardaban una lógica secuencia. Para complicar el cuadro su coordinación muscular era deficiente.

Pasaron los meses. Nuevamente pudo asistir a la iglesia en compañía de su familia.

Uno de los miembros de la iglesia le dijo: —Pat, creo que podrías ayudarnos como voluntaria en la escuela que la iglesia dirige para niños retardados. Necesitamos una adulto para que vigile y observe a cada uno de los niños que tengan posibilidades de aprender. ¿Quisieras tratar de ayudar?

¡No fue necesario pedirle dos veces! Esta era la gran oportunidad de demostrar que si bien padecía de una desfunción en su lenguaje y en sus movimientos corporales, aún estaba en condiciones de ayudar. Los sucesos que ocurrieron a continuación cambiaron el curso de su vida.

Pat los relata de la siguiente manera: —Me fijé en Janine, una niña de ocho años de edad, que no contaba con la supervisión de ninguna persona adulta. Cuando inquirí sobre ella me informaron que su existencia no pasaba de ser vegetativa, que las posibilidades de desarrollarse mentalmente eran nulas, que ni siquiera reconocía a su madre y que probablemente nunca aprendería a caminar. Sentí por ella una terrible pena. Me senté en el suelo a su lado. Lo único que hacía era picar papel y chasquear sus barbotantes labios con un dedo. Me invadió la tristeza. La observé. Luego, cuando sus ojos se posaron en los míos, le sonreí. Miró por largo rato mi sonrisa ¡y ocurrió el milagro! Se arrastró a mi lado, enterró su cabecita en mi regazo y lloró desconsoladamente. Mientras le acariciaba suavemente la espalda, mojó mi vestido con sus lágrimas. Elevé una oración a Dios, diciéndole: *si tan solo un poco de amor le puede hacer tanto a esta criatura, ¿cuánto más podrá hacer el amor sumado a la educación?* Y en esce preciso instante decidí estudiar y graduarme como sicóloga infantil.

Pat sabía ahora la clase de persona que quería ser. Frente a ella se levantaban obstáculos y barreras al parecer infranqueables. Antes de inscribirse en la Universidad tenía que resolver el problema del transporte. La única forma de hacerlo era por automóvil y nunca había aprendido a dirigir. En su condición actual carecía de la coordinación física necesaria para aprobar el examen de conducción. Se le ocurrió una brillante idea. Haría ejercicios físicos. Dos años de constantes ejercicios le reportaron espléndidos resultados. Su cuerpo estaba ahora casi en perfectas condiciones. Aprobó el examen de conductor. Había solucionado el problema número uno.

Se inscribió en la Universidad Estatal Californiana de Fullerton, California, pero solamente como alumna académica probando. Su cerebro dañado no le permitía recordar lo que leía en el libro de texto. ¡Pues lo leería de nuevo! ¡Y lo subrayaría! ¡Tomaría apuntes y los aprendería de memoria! En esa primera etapa universitaria no durmió más de tres horas por noche, pero a pesar de ese gran esfuerzo obtuvo bajas notas. Pero no desistió. Año tras año sumó el puntaje que la llevaría al ansiado título.

Trece años después de la intervención quirúrgica, completó el último semestre ¡con un alto promedio! Ahora habla a la perfección. A fuerza de ensayos y experimentos, ideó una técnica que le permitió corregir el problema del lenguaje. A partir de esa experiencia que le permitió superar su propia condición afásica, escribió su tesis para optar a la Licenciatura, titulada: "Ejercicios a utilizar por los padres de niños afásicos para enseñarles a sus hijos cómo mejorar por sus propios esfuerzos."

—Doctor Schuller —gritó Pat corriendo a mi encuentro un día después del servicio religioso— ¿adiviné qué? ¡Lo conseguí! Conseguí mi Licenciatura. Y voy a trabajar con niños retardados de las escuelas nacionales. Fue Dios quien lo hizo. Estoy segura de ello. Sentí que él me estimulaba, me urgía, me empujaba. Mi Dios puede hacer cualquier cosa.

Pat practica activamente la sicología.

Los derrotados pueden ser triunfadores

Asegurémonos contra la aplastante derrota y la negra desesperación. Esto lo podemos hacer si entramos en contacto con una infalible fuente de poder espiritual.

El gran violinista Paganini ejecutaba en una ocasión ante un distinguido auditorio, cuando en un momento dado se cortó una de las cuerdas de su violín. Los asistentes se asombraron, pero el magistral músico, impávido, siguió ejecutando con las tres cuerdas restantes. De pronto se cortó una segunda cuerda. Paganini siguió impertérrito. A los pocos minutos, con un fuerte chasquido, se rompió la tercer cuerda. Por un instante el artista detuvo su ejecución y luego levantó en alto su famoso Stradivarius al tiempo que anunciaba: —Una cuerda... y Paganini.

Con increíble habilidad y la inigualada disciplina de un consumado artífice, terminó la selección ejecutando en una sola cuerda con tan maravillosa perfección que el auditorio lo premió con una estruendosa ovación.

Puede haber ocasiones en la vida en que las cuerdas se corten una tras otra. La hija de Grace Anderson murió a consecuencia de un accidente automovilístico. Se cortó la primera cuerda. Luego el hijo, de 18 años de edad, sucumbió tras una breve enfermedad. Esa fue la segunda cuerda que se cortó. Finalmente murió su esposo debido a un ataque cardíaco. Una tercera cuerda se cortó.

—He perdido todo, pero no mi fe —me dijo. Y añadió: —Mi fe me permite continuar en la senda trazada.

¡La cuerda que le queda es su fe en Dios! Todos nosotros podemos ser triunfadores cuando sufrimos un pesar, si contamos con una fe viva.

*Afirmaciones edificantes de fe, fundamento
del poder con que contamos*

A todos nos es dada la capacidad para renovarnos luego de una tremenda pérdida personal o de soportar una gran desazón. Para salir del pozo de la tristeza en que nos hallamos, de la desesperación y de las concomitantes emociones negativas que amenazan abrumarnos, debemos utilizar afirmaciones positivas, estimulantes de nuestras emociones. La caza mayor exige armas de grueso calibre. No matamos un elefante de un hondazo. De igual manera debemos recurrir a las grandes afirmaciones, para los borrascosos momentos que hayamos de enfrentar en la vida. Debemos obrar de la siguiente manera: leer en voz alta las afirmaciones que anotamos a continuación; memoricemos los versículos bíblicos que figuran a continuación de cada una de las afirmaciones; también en voz alta repitamos estas afirmaciones y los versículos bíblicos. todos los días y tantas veces como sea necesario. Hagámoslo hasta ver que se abren las nubes y el sol vuelve a brillar en su esplendor.

1. *Afirmo que jamás seré derrotado porque nunca cejaré.* "Olvidando ciertamente lo que queda atrás, y extendiéndome a lo que está delante." (Filipenses 3:13.)

Colgado de la pared de un pequeño hospital en una aldea europea, leí esta oración: "Señor, cuando hayamos escogido nuestro sendero, que nunca nos apartemos de él. Cuando caigamos, que nos levantemos. Cuando enfrentemos una cruz, que veamos una corona. Amén."

Durante dos años la señora de J. Apt, de Orange, California, visitó a los médicos procurando descubrir la causa de su enfermedad. Llegó el día en que un neurólogo estableció un diagnóstico concluyente. —Padece usted de esclerosis múltiple —le dijo—. No hay duda alguna al respecto. Los *tests* efectuados son positivos.

Al dirigirse en un automóvil desde el consultorio del médico a su casa, la joven madre sintió como nunca la imperiosa necesidad de una fuerza espiritual interior. Al llegar a su casa se detuvo para recoger la correspondencia, entre la que había un paquete grande de forma tubular. Lo abrió. Era un cartel de tamaño grande. Algunas semanas antes uno de los miembros de la familia escribió a nuestro programa televisado "La hora del poder" pidiendo una copia del Credo del Imaginador de Posibilidades. Y helo aquí. Con manos que le temblaban por efecto de la esclerosis, rompió la envoltura, desenrolló el cartel, y leyó en voz alta:

> Enfrentado a una montaña
> no renunciaré.
> Seguiré esforzándome
> hasta
> alcanzar la cima,
> hallar un paso,
> hacer un túnel,
> o simplemente quedarme donde estoy
> y transformar la montaña
> ¡en una mina de oro!
> ¡Con la ayuda de Dios!

Al leerlo sintió que su alma se inundaba de inmensa fe y de poder. Y desde aquel momento nunca se sintió ni derrotada ni desanimada. Estuvo convencida entonces, y aún lo está, de que Dios planeó que aquel cartel llegara a sus manos en el preciso instante en que lo necesitaba.

En contraste, el hombre que habló conmigo después de dictar una conferencia, me dijo: —Debería usted escribir el *Credo del Imaginador de Imposibilidades*.

—¿Qué es eso? —le pregunté.

Su respuesta fue la siguiente:

—Mi esposa cree en semejante credo. El más ínfimo de los problemas la transtorna y la deprime. Luego de una ligera pausa añadió: —Ella suscribiría un credo que rezara: "De un grano de arena haré una montaña y me daré por vencida. Discutiré, me quejaré, y lloraré hasta obtener la compasión que deseo, o hasta que me enferme y hastíe de mi propia autoconmiseración."

Un padre que procuraba alentar a su desanimado hijo, le decía: —¡No te des por vencido, nunca jamás te des por vencido.

El muchacho le respondió: —¡Pero es que no puedo resolver mis problemas!

El padre le dijo: —Recuerda, hijo, que las personas de quienes la gente se acuerda, son las que nunca se dieron por vencidas. Robert Fulton nunca se dio por vencido; Tomás Edison nunca se dio por vencido; Eli Whitney nunca se dio por vencido. Y míralo a Isadore McPringle.

El muchacho preguntó: —¿Y quién fue Isadore McPringle?

—Ya ves —respondió el padre— nunca oíste de él. *Es uno que un día se dio por vencido.*

Preguntémonos: —¿Por qué rendirnos cuando las cosas van a cambiar y mejorar? Y no hay duda que así habrá de ocurrir. Creamos que hay una Suprema Fuerza Cósmica . en este universo. Esa Fuerza es inteligente o no lo es, es amante o no lo es. Si esta Suprema Fuerza Cósmica no es ni inteligente ni amante, entonces sí tendríamos razón de estremecernos de miedo.

Todas las principales religiones creen que el hombre está hecho a la imagen de Dios y que, en el fondo, el hombre es un ser racional y emotivo, inteligente y amante, ¡un reflejo, en miniatura, de Dios!

Leamos estos grandes versículos de la Biblia que hablan de la capacidad y potencia de Dios, y sobre ellos construyamos una fe a la cual podemos aferrarnos:

a. "Por lo cual puede también salvar perpetuamente a los que por él se acercan a Dios." (Hebreos 7:25.)

b. "Es poderoso para socorrer a los que son tentados." (Hebreos 2:18.)

c. "Es poderoso para guardar mi depósito para aquel día." (2 Timoteo 1:12.)

d. "Es poderoso para guardaros sin caída." (Judas 22.) "Es poderoso para hacer todas las cosas mucho más abundantemente de lo que pedimos o entendemos." (Efesios 3:20.)

¡Creamos en la capacidad ilimitada de Dios!

Nunca renunciemos, pues de este Dios podemos obtener un poder superespiritual. Esto nos servirá como punto de apoyo para las demás afirmaciones.

2. *Afirmo que Dios espera de mí que sea inflexible en mis propósitos, y lo soy.* "El pueblo que conoce a su Dios se esforzará y actuará." (Daniel 11:32.)

El ex-campeón mundial de todos los pesos, Jack Dempsey, solía decir: "Para vencer debemos ser capaces de dar y recibir fuertes puñetazos." Duffy Daugherty, ex-entrenador en la Universidad Estatal de Michigan, decía lo mismo en otras palabras: "Cuando busco futuros triunfadores busco jóvenes de garra." Knut Rockne, famoso entrenador de Notre Dame tenía un *slogan* también famoso: "Cuando la cosa se pone brava, los bravos son los que triunfan."

Hemos observado que hay personas que podríamos llamar "dilatorias". Dilatan una decisión, a menos de estar seguros del resultado. Otras son "desertoras", pues comienzan algo pero a poco andar lo abandonan cuando surgen las dificultades. Nosotros preferimos a los "denodados", los que enfrentados a montañas de obstáculos hacen esfuerzos titánicos para la consecución de sus sueños. Parafraseando a Isaías, se levantan con alas como las águilas. Corren y no se cansan.

Debemos prepararnos de tal manera que podamos levantar un objeto de gran peso, entre los vítores y aplausos de aquellos "que nunca creyeron que podríamos hacerlo".

En los libros de historia se le conoce con el nombre de Lord Shaftsbury. En su tiempo se le conocía como Lord Ashley. Nacido el año 1801, en Inglaterra, se crió en los círculos aristocráticos y se mezcló con parientes y amigos que pertenecían a la clase alta, incluso adinerados industriales.

Un golpe a la puerta de su casa señaló el comienzo de su grandeza. Quien llamó a la puerta era un pastor cristiano, el Rdo. G. S. Bull, quien le rogó a Ashley que hiciera algo en favor de los obreros oprimidos. Su primer impulso fue reírse del asunto. No era un amigo de los trabajadores.

—Pero amo a Dios y amo a todos los hombres y por lo tanto debo escuchar —pensó. Lo que descubrió lo horrorizó a él y a toda Inglaterra. Niños huérfanos, con apenas nueve años cumplidos eran vendidos virtualmente como esclavos para trabajar en las fábricas textiles, en jornadas de trece horas diarias. Sus posteriores investigaciones lo asquearon.

Le planteó el problema a su esposa, Min, y le preguntó su opinión si debería o no presionar para lograr una legislación que rigiera las condiciones laborales. —Si lo hago, significará ofender a algunos de nuestros amigos dueños de fábricas y de minas.

Significará también preocupaciones, trabajo, y mezclarnos con gente ruda y desagradable.

Lady Ashley contestó: —Es tu deber a Jesucristo. Olvídate de las consecuencias. ¡Adelante y nunca te eches atrás!

Un año después el Parlamento aprobó la *Ley de fábricas* en 1833, que prohibía trabajar en las fábricas a niños menores de nueve años de edad. Los industriales se mostraron hostiles pues consideraron que su libertad para administrar sus fábricas se veía restringida por el gobierno. Cuando algunos amigos instaron a Lord Shaftsbury a abandonar su cruzada, se negó tenazmente a ello. A su permanente y férrea instigación, se designó una Comisión Real para hacer lo que nunca antes se había hecho; se le otorgó autorización al gobierno federal para investigar lo que ocurría en las minas, esas fábricas subterráneas.

El parlamento inglés quedó pasmado cuando escuchó el informe de la Comisión Real. Niños de siete años de edad, algunos de cinco y seis años, trabajaban doce horas diarias junto a mujeres casi desnudas y hombres totalmente desnudos. Se comprobó el mismo espectáculo en todas las minas. Enfrentados a tales hechos, los dueños de las minas tuvieron que admitir que efectivamente habían incurrido en tales prácticas y Shaftsbury logró la sanción de leyes que prohibían el empleo en las minas de mujeres y de niños menores de diez años. Además fundó los *Ragged Schools* (Escuelas de harapientos), en las cuales los niños parias de los callejones de Londres pudieran vivir, estudiar y ser amados. Dios tenía un plan para su vida.

También lo tiene para nuestras vidas. Lo que nos ocurre en estos momentos es parte de ese plan. Por ello tenemos que ser inflexibles en nuestros propósitos. Tenemos que animarnos. Tenemos que endurecernos. Y tenemos que enfrentar los problemas que se nos plantean con la fuerza que Dios nos da.

3. *Afirmo que Dios ha dispuesto de antemano la gente que habrá de ayudarme. En el momento oportuno y de la mejor manera ¡me apoyarán personas que ni siquiera conozco!* "No nos cansemos, pues, de hacer bien; porque a su tiempo segaremos, si no desmayamos." (Gálatas 6:9.)

No salgo de mi asombro por los miles de hombres y mujeres de toda clase y talentos, dones, habilidades e intereses con que Dios me puso en contacto para hacer realidad mi sueño de una gran iglesia. A veces me parece que mi actividad se redujo a permitir que mi mente recibiera el sueño de Dios y mi boca anunciara su sueño. Fue Dios quien reclutó a la gente para ejecutar la tarea. Dios cuenta con la gente necesaria para toda eventualidad.

El 3 de octubre del año 1942, en el fragor de la Segunda Guerra Mundial, Winston Churchill habló a un grupo de sucios, tiznados, anónimos y sencillos mineros de las minas de carbón:

Algún día, cuando los niños pregunten: —¿Qué hicieron ustedes para lograr esta nuestra herencia y hacer que nuestro nombre fuera respetado entre los hombres?— unos dirán —fui piloto de un avión de caza; otros dirán —estuve en el Servicio de Submarinos; otros dirán —ninguno de ustedes habría sobrevivido sin los convoyes y la marina mercante; —y ustedes, a su vez, dirán, con legítimo orgullo y con igual razón —Nosotros sacamos el carbón de piedra.

Y así fue, efectivamente. Ellos sacaron la hulla, para abastecer de combustible a los barcos que transportaron a las tropas ¡que ganaron la guerra!

Por ello debemos abrir bien los ojos y mirar los rostros de la gente que nos rodea. Abramos nuestros oídos para escuchar lo que dicen. Hoy, mañana, la semana que viene, nos encontraremos con alguien... ¡justamente la persona que necesitamos! La persona apropiada llegará para ocupar el lugar correspondiente en el momento justo. Nos asombrará la forma en que llegó a nosotros. ¡Sabremos que Dios lo dispuso todo!

4. *Afirmo que Dios es más fuerte que el más fuerte entre los fuertes.* "Yo te he puesto... como columna de hierro." (Jeremías 1:18.)

Hubo una vez un joven pastor con una gran idea. Se sintió llamado por Dios a ser un líder de hombres. Se entusiasmó a más no poder cuando soñaba sus elevados sueños. Pero luego fue presa del desaliento y clamó negativamente a Dios: "¡Ah, Señor Jehová!... soy niño." (Jeremías 1:6.) Sabía que habría de enfrentar una enorme oposición de los gobernantes en su tierra. Los reyes y sacerdotes por igual obstaculizarían su accionar y chocarían con él. Al meditar en todos esos obstáculos se sintió como una varilla quebrada, como un delgado junquillo sacudido por la tormenta. A este joven, a punto de renunciar, Dios le habló y le dijo: "No temas... he aquí que yo te he puesto en este día... como columna de hierro." (Jeremías 1:17-18.)

A la gente de corazón apocado, Dios la transforma en vigorosas columnas de hierro. Esa descripción corresponde al carácter del Duque de Wellington. Ese señoril caballero fue el famoso Duque de Hierro. Demostró que fue el hombre de Dios para la hora de Dios en la historia. Porque Dios es más fuerte que el más fuerte entre los fuertes.

Si preguntamos a los estudiosos de historia europea quién fue el hombre más fuerte del siglo XIX, muchos responderían que Napoleón Bonaparte.

Cuando la Revolución Francesa estalló en 1789, los británicos se regocijaron. Seis años más tarde, el joven general de artillería, Napoleón Bonaparte, se hizo cargo de la caótica nación. El 18 de mayo de 1804, el Papa viajó de Roma a la catedral de Notre Dame para coronar a Napoleón Emperador de Francia.

Ante la victoria francesa en Austerlitz, contra los ejércitos combinados de Austria y Rusia, el 2 de diciembre de 1805, William Pitt, el gran primer ministro inglés, predijo años de derramamiento de sangre. Derrotadas Rusia y Austria, Pitt señaló un mapa de Europa colgado de la pared y dijo: "Enrollen ese mapa pues no lo necesitaremos durante los próximos diez años."

En 1813 la marea se había vuelto contra el emperador francés. Derrotado en Leipzig, lo exilaron a la isla de Elba, pero no duró mucho su cautiverio. Dos años después, el 1º de mayo de 1815, Napoleón desembarcó en las costas francesas con 1.100 hombres y comenzó la reconquista. Dieciocho días después era nuevamente emperador de Francia, comenzando su reinado de 100 días. Sabía que era imprescindible una rápida victoria en los Países Bajos y luego Austria, para retomar el pleno poder. Le correspondió al Duque de Wellington, comandante de las tropas inglesas, tratar de detener a ese corso enloquecido de poder.

Al clarear el alba del domingo del 18 de junio de 1815, las fuerzas de Napoleón se enfrentaron a las tropas de Wellington en Bélgica, en las afueras de una pequeña localidad llamada Waterloo. Llovía. El campo estaba empapado y barroso. El primer tiro se oyó a las once de la mañana. A las tres de la tarde Napoleón lanzó su caballería contra el flanco derecho inglés.

"El infante británico es imbatible", anotó un historiador, "cuando está bien comandado." (De la misma manera que es imbatible un cristiano comandado por Cristo.)

Cada vez que el combate se hacía más encarnizado, Wellington se metía en medio del mismo. Cuando alguna sección vital de sus líneas parecía a punto de sufrir un colapso y retroceder, esta columna de hierro se metía entre ellos y desde su cabalgadura hablaba a sus soldados: "No aflojen, soldados; ¿qué dirían en Inglaterra si lo supieran?

Cuando los oficiales solicitaban la venia para su retirada estratégica, el Duque de Hierro contestaba lisa y llanamente y con terquedad: "Mi plan consiste en aguantar a pie firme hasta el último hombre."

Era una actitud victoriosa y decisiva. Y aguantaron a pie firme. Y cuando la Vieja Guardia Napoleónica avanzó a las siete de esa tarde de verano, el Duque dio la orden de atacar. Los generales franceses no daban crédito a sus ojos cuando vieron a su ejército aplastado en la derrota final. ¡Napoleón halló su Waterloo cuando enfrentó a un hombre a quien Dios había transformado en una columna de hierro!

Elevemos esta oración: —Oh, Dios, hazme una columna de hierro. Lo harás. Ya lo haces. Lo siento. Estás en mí. Soy fuerte. Gracias, Dios. Amén.

5. *Afirmo que Dios hará de mis peores momentos mis mejores momentos.* "Portaos varonilmente y esforzaos." (1 Corintios 16:13.)

En este versículo el vocablo original griego es *andrizomai*, que significa: "No actúen más como párvulos; compórtense como hombres." Los malos momentos se transformarán en buenos momentos, cuando las tribulaciones saquen a la superficie lo mejor que hay en nosotros.

Pocos líderes del siglo XX fueron más valientes e inspirados que Sir Winston Churchill durante la terrible Segunda Guerra Mundial. Hitler había tomado por asalto toda Europa Occidental. Francia había caído, y todo el resto de Europa Occidental, que incluía los checos, polacos, noruegos, daneses, holandeses y belgas, estaba bajo la bota de Hitler. América aún no había intervenido. El mundo entero esperaba el próximo extraviado movimiento de Hitler. Fue entonces cuando las radioemisoras propagaron a todo el mundo las palabras de Churchill pronunciadas ante la Cámara de los Comunes, el 13 de mayo de 1940:

"¿Preguntáis cuál es nuestra meta? Os respondo con una sola palabra: Victoria. Victoria a toda costa, victoria a pesar del terror, victoria no importa cuán duro y largo el camino; pues sin la victoria no habrá supervivencia. Nada tengo que ofrecerles aparte de sangre, trabajo, sudor y lágrimas."

Dos semanas más tarde Churchill pronunció las inspiradoras palabras que haría de toda la nación una columna de hierro:

Aun cuando vastas regiones de Europa y muchos antiguos y famosos Estados hayan caído o caerán en las garras de la Gestapo, no habremos de flaquear ni ceder. Proseguiremos hasta el fin. Pelearemos en Francia, pelearemos en los mares y océanos, pelearemos con creciente confianza y fuerza también creciente en el aire, defenderemos nuestra isla cualquiera sea el costo. Pelearemos en las playas, pelearemos en los sitios de desembarco, pelearemos en los campos, en las calles, pelearemos en las piezas. Jamás nos rendiremos.

Dos semanas después nuevamente Churchill habló ante la Cámara de los Comunes: "Aferrémonos al cumplimiento de nuestro deber y comportémonos de tal manera, que si el Imperio Británico y el *Commonwealth* duraran mil años, los hombres puedan decir que *ésta fue su hora más gloriosa.*"

Todos nosotros podemos transformar nuestros peores momentos en nuestros mejores momentos. Las tribulaciones tienen la propiedad de acercar la gente a Dios ... o de alejarla. Si nuestra elección es correcta, podemos transformar una tragedia en una victoria.

6. *Afirmo que jamás me apartaré del amor de Dios.* "Tú, pues, sufre penalidades como buen soldado de Jesucristo." (2 Timoteo 2:3.)

Unos amigos míos del Medio Oeste tenían dos hijos, nacidos con un intervalo de dos años. Recuerdo muy bien aquella triste mañana de verano, años atrás. Los chicos se divertían en el lago, cuando se rompió la balsa hecha por ellos, y el menor de los dos se ahogó. Encararon la vida con valentía. —La vida sigue su curso... y nosotros también —dijeron. Transcurridos dos años el hijo que quedaba, murió aplastado por un tractor que volcó en el campo. Meses después los padres visitaron nuestra iglesia.

—¿De dónde sacaron fuerzas para proseguir? —les pregunté. La madre respondió valientemente: —Un extraño, que oyó nuestra tragedia, nos envió una carta con una simple y sencilla afirmación. Decía: —Dios los ama aún.

Repetí esa frase una y mil veces y la creo. Y eso es suficiente. Sus ojos brillaban con un húmedo resplandor. Su marido sonrió con ojos vidriosos. Nos tomamos de las manos y oramos. Observé mientras se retiraban, altos y sublimes en su fe y su confianza: ¡columnas de hierro!

7. *Afirmo que si me entrego totalmente, eventualmente triunfaré.* "Sé fiel hasta la muerte y yo Dios te daré la corona... Al que venciere daré a comer..." (Apocalipsis 2:10, 17.)

La persona *exigente* se topa con resistencia.

La persona *derrotada* se topa con indiferencia.

La persona *dedicada* se topa con ayuda.

La gente se aproxima primero para ver, después para interesarse y finalmente para colaborar.

Fritz Kreisler, el mundialmente famoso violinista, fue abordado en el camarín por una entusiasta admiradora de la música, quien le dijo: —Señor Kreisler, ¡daría mi vida por tocar el violín como usted!

—Señora —replicó tranquilamente el artista— eso es lo que yo hice.

Solamente un mes después que Churchill le prometió a Inglaterra que su "hora más gloriosa se aproximaba", afirmó el 14 de julio de 1940:

Y ahora nos toca a nosotros estar en la brecha y enfrentar lo peor que nos pueda hacer la fuerza y la enemistad del tirano.

...Peleamos solos y por nuestros propios medios...pero no luchamos solamente para nosotros...Esperamos sin desmayar el asalto inminente. Tal vez se produzca la semana que viene. Tal vez no se produzca nunca. Tenemos que demostrarnos igualmente capaces de enfrentar un súbito y violento embate o, lo que sería una prueba tal vez más dura, una prolongada vigilia.

Más adelante, cuando la isla era demolida por las bombas enemigas que caían día y noche, y algunos líderes asustados planeaban la evacuación del territorio, Churchill les dijo: "Las guerras no se ganan por evacuación."

Pocas palabras describen mejor a Churchill que las siguientes: "¡Nunca cedas! ¡Nunca cedas! ¡Nunca, nunca, nunca, nunca...en nada grande o pequeño, enorme o insignificante, nunca cedas, excepto a convicciones de honor y sentido común!"

Si hay una lección que surge claramente de las páginas de la Biblia, es ésta: Dios no permitirá que sus hombres columnas de hierro sean derrotados.

La batalla que Churchill presagió comenzó alrededor del 6 de agosto. Se prolongó hasta septiembre. Día y noche la isla fue bombardeada. Inmensos contingentes de tropas hitlerianas estaban listas, en las costas de Francia, para invadir a Inglaterra no bien fuera destruida la Real Fuerza Aérea. (Hitler tenía un proyecto cuidadosamente elaborado, para deportar a todos los ingleses varones cuyas edades oscilaran entre 17 y 45 años, repoblar la isla con alemanes y cambiar para siempre la nación.)

A la luz de los acontecimientos históricos sabemos ahora que el 15 de septiembre, por un acto de Dios, cambió la suerte de la guerra. En el Cuartel General subterráneo del Grupo de Combate número once, en

Uxbridge, Midelesex, las luces se prendían y apagaban
en un enorme tablero colgado de la pared, mientras
que en grandes mesas empleados que hablaban en voz
baja movían modelos de aviones británicos y alemanes que en esos precisos instantes se trababan en
una lucha decisiva muy por encima de sus fortifica-
ciones subterráneas. Había transcurrido media hora;
los aviones tendrían que descender para reabastecerse
de combustible luego de ochenta minutos en el aire.
Churchill llegó a la fortificación. Dirigiéndose al
Vicemariscal del Aire Park, le dijo: —Dentro de poco
todos nuestros aviones bajarán a tierra para reabastecerse y debemos enviar escuadrones de reserva o
de lo contrario la Luftwaffe destruirá íntegramente
nuestra flota aérea, como si fueran patos, mientras
se reabastecen. Luego, dirigiéndose nuevamente al
comandante de la fuerza aérea, el primer ministro le
preguntó: —¿Qué otras reservas nos quedan?

—Ninguna —fue la respuesta.

Súbitamente —¿fue un acto de Dios?— los discos
se movieron en los tableros mostrando que los aviones
alemanes se retiraban rumbo al Este, escogiendo aparentemente un momento de calma en el combate, para
reabastecer sus propios aviones. Podrían haber ani-
quilado la fuerza aérea que estaba en tierra ¡y la
invasión se hubiera producido!

Dios sabe perfectamente bien cuánto somos capaces
de soportar. ¡Nunca nos echemos atrás! ¡Jamás renunciemos! La situación cambiará. Ocurrirá un milagro. ¡No hay situaciones desesperanzadas en tanto
no desesperemos! ¿Cómo mantener viva la esperanza?
Echando mano a los ilimitados poderes de la oración.

CAPITULO 11

ORACION + IMAGINAR
POSIBILIDADES = EXITO

En la comedia musical titulada 1776, Jorge Washington formula tres profundos interrogantes: ¿Hay alguien allí? ¿Alguien escucha? ¿A alguien le importa?

Nosotros también podemos formularnos estos interrogantes cuando nos sentimos desilusionados y frustrados. Podemos tener la más absoluta certeza de que la respuesta a las tres preguntas es una respuesta afirmativa. Dios está allí, Dios escucha y a Dios le importa tanto nuestra persona como nuestros sueños.

El pueblo americano recordará por muchos años la ocasión en que los astronautas del Apolo 13 casi perdieron sus vidas en 1970. El proyecto comenzó de una manera rutinaria. El cohete funcionó a la perfección. Todo fue bien hasta que la nave espacial se distanció a 330.000 kilómetros de la tierra y la central terrestre recibió el siguiente mensaje: —Tenemos un problema.

Al oír esas palabras, la gente, en toda la redondez de la tierra, que miraba la pantalla de televisión, se corrió hasta el borde de sus sillas y sin asomo de vergüenza comenzó a orar a favor de esos valientes jóvenes. Millones de personas que normalmente hubieran sido demasiado sofisticados para admitir que alguna vez oraban, con toda libertad y abiertamente, recurrieron a Dios. La rotura de un tanque de combustible puso en peligro sus vidas e imposibilitó que descendieran en la luna. Se vieron obligados a retornar apelando a medidas de emergencia.

Cuando James A. Lovell, Fred W. Haise y John L. Swigert finalmente acuatizaron con toda felicidad en las aguas del Pacífico, fueron llevados en helicópteros al portaaviones que los esperaba y el mundo entero pudo verlos al poner pie en la cubierta. Se adelantó un capellán. Al elevar a Dios una oración de gratitud, los tres arrojados tripulantes espaciales unieron sus manos e inclinaron sus cabezas. La revista *Time* escogió para su tapa la fotografía de estos tres astronautas con la cabeza inclinada, las manos entrelazadas, dando gracias a Dios por su regreso al hogar. El Presidente de los Estados Unidos exhortó al pueblo para que en un domingo determinado se elevaran oraciones de acción de gracias.

Cuando ocurrió ese accidente que estuvo a punto de terminar en una verdadera catástrofe, y los expertos en el centro espacial controlado de Houston estudiaban la manera de traer de vuelta a los tres tripulantes, necesitaban planear una corrección simulada, un cambio de dirección y un retorno. Para lograr dicho plan tenían que conocer la localización precisa del Apolo 13 en ese momento. Y para determinar dicha localización precisa del Apolo en el lejano espacio exterior, no recurrieron al complicado equipo electrónico con que contaban. En cambio, indicaron a los astronautas que miraran por la ventana y dieran la posición de una determinada estrella. En última instancia, cuando la situación hizo crisis, ¡el Centro Espacial de Houston recurrió a las inalterables estrellas del cielo!

En la conferencia de prensa que siguió al acuatizaje, todos recordamos lo que dijo Swigert: —Si lo que quieren saber es si oramos, ¡por supuesto que sí! Creemos que las oraciones elevadas a Dios por tanta gente alrededor del mundo nos ayudaron a volver.

El ex-campeón mundial de todos los pesos, Joe Frazier, es un gran pensador de posibilidades que triunfó gracias a entusiasmo, fe, duro trabajar y oración. Frazier es un dedicado y devoto cristiano que lee la Biblia todas las noches y asiste regularmente a la iglesia. Atribuye su éxito como boxeador a su fe en Dios. Desde niño Joe soñó con ser boxeador. Su inspiración fue Archie Moore, uno de nuestros más grandes peleadores y uno de los más destacados hombres de nuestro tiempo. Archie Moore dirigía un programa titulado "TMP, Todo Muchacho Puede". Ese programa inspiró a Joe Frazier, pero carecía de dinero y necesitaba una bolsa o saco de arena. Joe Frazier tomó un viejo saco y lo llenó de arena y de trapos y así tuvo su saco de arena.

Frazier cree a pie juntillas que el éxito en su profesión depende de la voluntad que se ponga en el duro trajinar, mes tras mes, año tras año, obstáculo tras obstáculo. Frazier admite que muchas veces sentía la tentación de detenerse a mitad de su diaria sesión de trote a lo largo de 12 kilómetros. Imaginaba que nadie notaría la diferencia. —Pero el problema —reflexionaba— es que me engañaría a mí mismo y ésa es la última persona a quien quisiera engañar. Por lo tanto, terminaba de correr los seis kilómetros que me faltaban.

Joe también afirma: —Tan importante como el entrenamiento es la oración. —Oró intensamente esa noche en Tokio cuando combatió como representante de los Estados Unidos en los Juegos Olímpicos de 1964. Ganó pelea tras pelea. En el encuentro semifinal, que ganó, se fracturó el pulgar de la mano izquierda. Frazier dependía de su mortífero gancho de izquierda. ¿Cómo podría vencer en las finales?

La noche en que ganó la semifinal, Frazier se dirigió a la pieza de su hotel, cerró con llave la puerta, llenó con agua caliente una palangana y puso en remojo su mano izquierda. Su pulgar izquierdo, grueso e hinchado, le dolía terriblemente. Frazier monologó: —En esta mano está mi fuerza y mi dedo pulgar se ha roto. Estoy terminado. Qué pena. A esta altura del certamen soy la única esperanza para que los americanos ganen la medalla de oro, y estoy fracturado. Luego pensó en su niñez. Recordó a su padre a quien le faltaba el brazo izquierdo; era fantástico lo que su podre podía hacer con un solo brazo. Si mi padre podía mantener a su esposa y trece hijos— reflexionó —¿por qué me preocupo, pues, por un pulgar roto? —¡Oró y creyó!

Al día siguiente cuando subió al *ring* para el asalto final contra Hans Huber, que era el favorito de la pelea, Frazier mantuvo su mano izquierda colgando inerte a un costado. Adoptó una postura no habitual. Tenía la esperanza de que nadie sospecharía la verdad. Horas antes los entrenadores de Hans Huber le habían advertido que se cuidara del gancho de izquierda de Frazier. Hans notó que la mano izquierda de Frazier colgada a un costado; también le llamó la atención su peculiar movimiento de piernas, pero recordó la seria advertencia de sus directores técnicos y se mantuvo siempre a prudente distancia de esa inerte mano izquierda. Huber peleó con tanta cautela, que Frazier fue declarado campeón por tres votos contra dos de los jueces del encuentro. Los comentaristas deportivos todavía especulan sobre cuál habría sido el resultado si Huber se hubiera dado cuenta de que Frazier tenía roto el pulgar izquierdo.

Millones de los más inteligentes y eruditos científicos de hoy en día creen en la oración, practican la oración, y saben que la oración obra. Entre el medio millón de cartas que recibo anualmente de todos los rincones del país remitidas por los televidentes de mi programa "Hora de Poder", se cuentan decenas de miles que testifican de la realidad del poder de Dios en sus vidas, como resultado de la meditación, de la oración y de una positiva sintonización con este poder inteligente, amante y cósmico al que llamamos Dios. He aquí un ejemplo:

Soy una pequeña mujer negra, de 1,53 metros de estatura y 44 kilogramos de peso. Pero me siento como una poderosa fortaleza que ha logrado aguantar arrolladoras tormentas.

Vi, con mis propios ojos, cómo el hombre que ahora es mi ex-marido, profanó mi lecho nupcial. Me golpearon porque rehusé detener el juicio de divorcio, luego de siete años de casamiento y 18 otras mujeres. Lloré muchas noches cuando mis hijitos me preguntaban: —¿Dónde está papá? —Este año trabajé en cuatro lugares para sostener a mi familia, pues no conté con apoyo económico alguno. Sumado a mis propios problemas, ejerzo el magisterio en un *ghetto,* donde a diario veo la pobreza y la falta de autoestimación entre mis alumnos. Y porque me preocupo por estos hermosos niños (que no saben cuán hermosos son) llevo a cuestas también sus problemas.

Pero la hermosa victoria de todo esto es que con la ayuda de Dios me he aferrado al legado de la verdad, del amor, de la vida y del conocimiento, el único don que me entregó mi padre, y he seguido adelante sin titubear.

Dios nunca me falló. Camino con mi cabeza levantada al cielo, *y hablo con Dios las veinticuatro horas del día.* No importa cuán grave sea el problema. Dios me ha capacitado para sonreír y dar de mí misma para otros menos afortunados que yo. Y créame, reverendo Schuller, que ninguna cantidad de cosméticos pueden crear un rostro que brilla con la luz de Cristo que es tan eterna como hermosa. Mi afirmación diaria es: —Que la luz de Cristo brille a mi alrededor para que otros puedan ver en medio de las tinieblas. Que la paz de Cristo me inunde de tal manera que otros puedan sentir las íntimas vibraciones de su obra. *También oro, en los momentos más oscuros de mi vida, para que Dios envíe a alguien a quien yo pueda ayudar.* Pues el dar de nosotros mismos revela nuestra paz interior.

Una de las afirmaciones más asombrosas, hechas jamás por un maestro religioso alguno, fue la afirmación de Jesucristo, cuando dijo: "Y todo lo que pidiereis en oración, creyendo, lo recibiréis." (Mateo 21:22.) ¿Significa que Dios entregará a cualquiera todo lo que pida? Por supuesto que no. A menudo no tenemos la sabiduría suficiente para saber qué es lo que más nos conviene.

En una pequeña población de Alemania escuché la siguiente leyenda:

"Años atrás sufríamos el azote de escasas cosechas. Es por ello que los aldeanos oraron al Señor: —Señor, por un año prométenos que nos darás exactamente lo que te pedimos, es decir, el sol y la lluvia cuando te lo pidamos. —De acuerdo a la leyenda, Dios aceptó. Cuando los aldeanos pidieron lluvia, Dios mandó lluvia. Cuando pidieron sol, Dios les mandó sol. Nunca el maíz creció alto ni el trigo tan grueso como en aquella temporada. Al llegar la época de la siega, la alegría se transformó en tristeza cuando los granjeros vieron, para su gran desesperación, los tallos del maíz sin maíz, los tallos de trigo sin espigas y los árboles frutales sin fruta. —Oh, Dios —oró la gente sencilla—. Nos has fallado.

"Dios replicó: —No, hijos míos. Les di todo lo que me pidieron.

"—¿Y entonces por qué, Señor, no tenemos ni granos ni frutos?

"Y Dios contestó: —Porque no me pidieron el fuerte viento del norte. Sin esos vientos, por supuesto, no hay polinización."

Los planes de Dios

Jesús no dijo que Dios contestaba todo ruego egoísta y toda petición infantil y lastimera. Jesús dijo que Dios contesta toda oración. Mucha gente a menudo ora por cosas totalmente materialistas y egoístas. Cuando no reciben ninguna respuesta milagrosa a esos requerimientos a la Deidad, con todo cinismo afirman que la oración no actúa. Ellos la denominaron oración, *pero Dios no la consideró tal.*

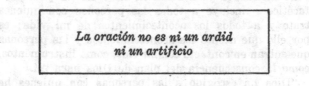

La oración no es ni un ardid ni un artificio

La oración no es un artificio mediante el cual podemos introducir a Dios en nuestras vidas. La oración es un ejercicio espiritual por el cual nos allegamos a Dios hasta identificarnos con sus planes y sus propósitos. Alcanzamos la paz cuando armonizamos con los planes y propósitos universales de Dios. Cuando no estamos en armonía con Dios y con sus planes y propósitos universales, sufriremos las consecuencias de frustraciones interiores, de tensiones y de conflictos. La verdadera oración es el ejercicio espiritual por el cual armonizamos nuestros sueños y deseos con los planes de Dios. La siguiente declaración anónima está a la vista de quien quiera leerla en el centro de consejeros del *Garden Grove Community Church:*

"Dios tiene un plan para mí. Está escondido dentro de mí, de la misma manera que el roble está escondido en la bellota y la rosa en el pimpollo. Estoy convencido que todo lo que viene a mi vida juega un papel en mi crecimiento. En la medida que me entrego más plenamente a este plan de Dios, más se expresa por mi intermedio. Yo sé en el instante en que sintonizo con él, porque cuando ello ocurre mi mente y mi corazón se llenan de paz interior. Esta paz me llena de una sensación de seguridad, de gozo y de un gran deseo de hacer las cosas que son parte del plan; o, de lo contrario, me siento lleno de una nueva paciencia, de una nueva quietud, que posibilita que otros me revelen el plan.

"Este plan es una porción perfecta de un plan mayor. El plan fue proyectado para el bien de todos y no solamente para beneficio mío. Es un plan polifacético e incluye a todas las personas con quienes trato y a todos los acontecimientos de mi vida; es por ello que acepto los acontecimientos y las personas que entran en contacto con mi vida, como instrumentos, como la consecuencia del plan de Dios para mí.

"Dios ha escogido a las personas con quienes he de entrar en contacto, para amarlas y para servirlas, y nos atraemos mutumente. Ruego a fin de llegar a ser un mejor instrumento, para amar y para servir, y para ser digno de recibir el amor y el servicio de los demás, de tal manera que entre ambos expresemos a la perfección el plan de Dios en nuestra vida.

"Pido a mi Padre que mora en mi interior, solamente por las cosas que son mías. Bien sé que lo que habrá de beneficiarme llegará en el momento oportuno y de la mejor manera. Este conocimiento interior libera mi mente y corazón de todo vestigio de temor, celos, odios y resentimientos. Me da el coraje y la fe necesarios para hacer aquello que depende de mí. Cuando armonizo con el plan de Dios me veo libre de la avaricia, de las pasiones bastardas, de los pensamientos y obras impuros. Dejo de mirar con envidia lo que reciben los demás, y ni me comparo con ellos. De ahí que no me separo de Dios, el Dador de todas las cosas buenas.

"Son muchos los dones que Dios me da, muchos más de los que recibo en estos momentos. Pido a Dios en oración que aumente mi capacidad receptora tanto como mi capacidad para dar, pues no puedo dar más de lo que recibo y puedo recibir solamente en la medida de lo que doy. Los dones de Dios siempre traen aparejados la paz, la armonía y el gozo. Por lo tanto, todo aquello que me llena de paz y armonía sin dañar ni perjudicar a otros, viene de Dios y me pertenece. También creo que toda tarea que sienta el llamado a ejecutar es mía y la puedo hacer por derecho propio. Cuando estoy en armonía con las cosas que realmente me pertenecen, todas las cosas obran para bien de todos.

"Creo que cuando no puedo ejecutar las cosas que quiero hacer, es porque Dios ha cerrado la puerta, para abrir otra, mucho más amplia. Si no logro ver la puerta que está delante de mis ojos, es porque no he visto, ni he escuchado, ni obedecido la dirección de Dios. Es en ese momento cuando Dios recurre a una aflicción o a un aparente fracaso, con el objeto de que yo me enfrente conmigo mismo y halle la inspiración y el poder necesarios para ver la puerta correcta.

"El verdadero propósito de mi vida es hallar a Dios en mi mente y en mi corazón, y ayudar a mis semejantes. Su amor, luz y vida se expresarán con mayor perfección a través de mí, en la medida en que me mantenga unido estrechamente al Padre. Ruego ser siempre guiado por su inalterable dirección. Agradezco a mi Padre celestial por cada una de las experiencias que me ayudan a rendir mi voluntad a la suya, y me aproximan a él. Pues sólo en la medida en que me abisme en el conocimiento interior de su gran Presencia, puede cumplirse su plan para mi vida."

¿Qué es, entonces, una verdadera oración?

La verdadera oración consiste en descubrir la armonía interior de la mente que resulta de pensar lo que Dios piensa para nuestras vidas. Por ejemplo, estamos en un bote. Nos acercamos a la orilla. Arrojamos el ancla que se clava en la arena. Tomamos el cabo al cual está atada el ancla y tiramos de él hasta arrastrar el bote por la playa. ¿Qué hemos hecho? No hemos movido la costa hacia el bote. Hemos movido el bote hacia la costa.

El propósito de la oración no es lograr todo lo que queremos, cuando lo querramos; el propósito de la oración es transformarnos en la clase de persona que Dios quiso que fuésemos cuando nos puso en el Planeta Tierra.

¿Cómo contesta Dios las oraciones?

Alguien ha dicho que Dios contesta toda oración en estas palabras: "Te amo." Y en razón de que nos ama, Dios contesta cada oración, en una de cuatro maneras.

1. *Cuando las condiciones no son óptimas, Dios dice "no".* A decir verdad, y así condicionada la oración, nos da lo que realmente queremos, porque lo que realmente queremos es lo más beneficioso para nosotros. ¡Lo que realmente queremos es ser lo más grande que podamos ser! Si Dios dice "no" a nuestra oración, es porque tiene un recurso mejor para hacernos una gran persona. Podemos contar con la más absoluta certeza de que Dios tiene un sueño para nosotros ¡y un plan para hacerlo realidad!

Decisión, publicada por la Asociación Evangelística *Billy Graham*, ha enviado un saludo a las grandes iglesias del mundo. Una de las destinatarias de dicho saludo es la *Iglesia del Pueblo* de Toronto, Canadá. Ha alcanzado renombre mundial por haber enviado más misioneros al mundo que ninguna otra iglesia. La historia, plena de éxito, de la *Iglesia del Pueblo*, ilustra de qué manera contesta Dios las oraciones.

En la década de 1920-1930, un joven pastor, Oswald Smith, ansiaba, sobre todas las cosas, ser un misionero en otro país. Elevó a Dios una oración: —Señor, quiero ser un misionero... ábreme una puerta.

Era una auténtica oración. No era una oración ni mendicante ni egoísta. Era una oración por la cual un ser humano procuraba ser la persona que Dios quería que fuese. Cuando el doctor Smith se presentó a la mesa examinadora de candidatos al campo misionero, no aprobó el *test* que le exigieron. No llenaba los requisitos esperados.

A pesar de todos sus esfuerzos, las puertas al ministerio allende los mares, estaban cerradas. Una de sus reacciones ante esta situación fue preguntarse si realmente las oraciones obraban. Estaba ofreciendo su vida a Dios, y la clara respuesta de Dios era un "no". Entonces se le ocurrió una brillante idea. Si no podía ir él, construiría una iglesia para enviar a otros. Y así lo hizo. Ningún pastor jamás estableció una iglesia que se aproximara siquiera a lo que logró la *Iglesia del Pueblo* de Oswald Smith. A la luz de la historia, vemos ahora de qué manera maravillosa contestó Dios los deseos expresados en la oración del doctor Smith, aún cuando dijo "no" a su requerimiento. Dios dijo que no porque Dios tenía mejor y mayores ideas.

Una de las ocasiones en que Dios responde NO a una oración, es cuando la idea expresada no es la mejor; NO, también, cuando la idea es absolutamente equivocada; y también —aún en el caso de poder beneficiarnos— cuando le crearía problemas a terceros. Cuando las condiciones no son óptimas, Dios dice NO.

2. *Cuando el momento no es el apropiado, Dios dice "despacio".*

En ninguna parte de toda la Biblia hallaremos un solo versículo que dice que Dios hará todo lo que pedimos con sólo castañetear los dedos. Dios no nos ofrece un servicio de contestación de oraciones "instamático".

Dios controla el área del *porqué* y del *cuándo*. Si Dios responde negativamente a nuestra sincera oración, y le preguntamos por qué, Dios no contestará ni explicará. Dios no contesta a nuestras preguntas referidas al "porqué", porque el hecho de plantear la pregunta significa que no estamos de acuerdo con su respuesta negativa.

Nosotros queremos discutir, pero Dios rehúsa ser arrastrado a una discusión. Sabe, de antemano, que toda explicación que pudiera darnos no nos satisfaría.

Si Dios contestara toda oración, cada vez que castañeteamos los dedos, se transformaría en nuestro siervo y dejaría de ser nuestro dueño. Dios trabajaría para nosotros en lugar de trabajar nosotros para Dios.

Las demoras de Dios no son las negativas de Dios. Los horarios de Dios son perfectos. La paciencia es uno de los ingredientes necesarios en la oración. Algunas personas sufren más por la impaciencia que por las dudas.

Un hombre me dijo en una ocasión: —He perdido fe en la oración.

Después de escucharle le dije: —En realidad no ha perdido la fe en la oración puesto que aún eleva oraciones a Dios. No ha perdido la fe; simplemente ha perdido la paciencia.

Antiguos miembros de nuestra iglesia saben que la palabra "fe" la deletreamos P-A-C-I-E-N-C-I-A.

"Espera en el Señor, espera pacientemente en él y él te concederá el deseo de tu corazón. Espera en el Señor, espera pacientemente, espera pacientemente en él."

Una oración sincera, elevada a Dios, nunca muere. Dios no se olvida de ella. Es como una semilla plantada que brotará y crecerá a su debido tiempo. Si la idea no es óptima, Dios contesta "No". Si el momento no es el apropiado, Dios contesta "despacio".

3. *Cuando somos nosotros los que no estamos bien, Dios contesta "maduren".* Dios contesta las oraciones cuando las personas están preparadas para ello. Los ambiciosos que no escalan de inmediato a las más altas posiciones, a menudo oran por su éxito. Dios les contesta: "maduren." El poder que llega con dema-

siada rapidez, corrompe. Si no estamos preparados nos arruinará.

¿Algunas de nuestras oraciones no reciben respuesta alguna? Es posible que debamos madurar. ¿Enfrentamos problemas que no hemos podido solucionar? Es probable que haya algo que debemos hacer.

Si nuestra mente está infectada por emociones negativas, estaremos fuera de ritmo con el Dios del universo, y nuestra oración no será efectiva.

En cierta ocasión experimenté una desconcertante situación con un hombre que estaba destruyendo a su esposa, su hijo, y la vida de muchos otros. Cuando traté de ayudar se volvió contra mí y recordé las palabras de Jesús: "Ni echéis vuestras perlas delante de los cerdos, no sea que las pisoteen, y se vuelvan y os despedacen." (Mateo 7:6.) Fue una experiencia espantosa. Desperté en medio de la noche y sentí mi corazón lleno de sentimientos negativos hacia ese hombre. Comprendí que no era correcto albergar una actitud negativa contra otro. Soy un cristiano. Soy un seguidor de Cristo. El Espíritu de Cristo debe morar en mí y estos sentimientos negativos seguramente no pueden coexistir con el Espíritu de Cristo.

Oré a Cristo para que me despojara de esta actitud negativa. Me figuré ser un automóvil encima del pistón de engrase y un mecánico debajo retirando el tapón y dejando que el aceite sucio saliera del cárter. Sentí que mi cuerpo, acostado en la cama, se elevaba. Cristo se colocó debajo de mí, abrió una pequeña válvula situada en el fondo de mi corazón, y la abrió y dejó que escurrieran todos los pensamientos amargos y negativos. Luego lo llenó de un nuevo lubricante, claro y limpio, llamado amor. La oración tiene un gran poder de drenaje. Ayuda a drenar el negativismo de nuestros corazones.

Un joven y ambicioso ejecutivo necesitaba algunos consejos pastorales. Tenía sus ojos puestos en una elevada posición en la empresa. Sin embargo, escogieron a otro para ese cargo, y eso lo dejó amargado, furioso y angustiado.

En mi función de consejero le sugerí lo siguiente:

Cuando te amargas y enfureces no lastimas en lo más mínimo a la cúpula administrativa. Lo único que haces es lastimarte a ti mismo. Ellos salen a almorzar y ni siquiera saben que estas sentado allí, hirviendo en tu interior. Toma las cosas como son. No has logrado el puesto que consideras que merecías y te estás matando interiormente. ¿Y esa actitud, por ventura, te dará el ascenso? De ninguna manera. Todo lo contrario, esta actitud negativa hacia los que tienen el poder de decisión, será observada por ellos. No la puedes esconder. Cuando vean tu reacción pensarán dos veces antes de escogerte para un alto cargo. Tu reacción prueba que tienes que madurar. Cuando lo hagas, cuando tu madurez se haga evidente, recién entonces obtendrás lo que quieras.

Siete años después logró en esa misma empresa un cargo ejecutivo de alto nivel.

¿Hay algo en lo cual hemos actuado y pareciera no tener solución? ¡Tal vez necesitamos cambiar!

La persona egocéntrica debe
cultivar el desinterés
antes que Dios le diga "VE".

La persona cautelosa debe
cultivar coraje
antes que Dios le diga "VE".

La persona osada debe
cultivar la cautela
antes que Dios le diga "VE".

La persona tímida debe
cultivar la confianza
antes que Dios le diga "VE".

La persona automenospreciada debe
cultivar el respeto de sí mismo
antes que Dios le diga "VE".

La persona dominante debe
cultivar la sensibilidad
antes que Dios le diga "VE".

La persona criticona debe
cultivar la tolerancia
antes que Dios le diga "VE".

La persona negativa debe
cultivar una actitud positiva
antes que Dios le diga "VE".

La persona hambrienta de poder debe
cultivar la benignidad y dulzura
antes que Dios le diga "VE".

La persona que busca los placeres debe
cultivar la compasión por los que sufren
antes que Dios le diga "VE".

El alma que ignora a Dios debe
transformarse en el alma que adora a Dios
antes que Dios le diga "VE".

Recordemos: cuando las condiciones no son óptimas,
Dios dice "¡NO!" Cuando el momento no es el apropiado, Dios dice "¡DESPACIO!" Cuando somos nosotros los que no estamos bien, Dios dice "¡MADUREN!"

4. *Cuando todo está bien, Dios dice "VE".* ¡Entonces ocurren los milagros! ¡Se caen las barreras! ¡Se
conquistan las montañas! ¡Desaparecen los problemas
y los dolores de cabeza!

¡Un alcohólico empedernido se libera de su vicio!
¡Un drogadicto se cura! ¡Los que dudan se tornan
como niños en sus creencias! ¡Los tejidos enfermos
responden al tratamiento y empieza la curación!

Se abre de pronto la puerta de nuestros sueños y lo vemos a Dios que nos dice: "¡VE!"

Ann Kiemel es una hermosa jovencita, no muy alta, sensible y gentil. De pie, frente a un aditorio de hombres grandes y fuertes, los deja atónitos cuando les dice en una dulce y suave voz femenina: —¡Hola!

Sonríe y espera.

—¡Me llamo Ann Kiemel!

Sonríe nuevamente, moviendo lentamente su cabeza para escudriñar cada rostro.

—¡No soy nadie!

Sonríe de nuevo.

Ahora se adelanta, su rostro se pone serio y su vocecita de pronto se eleva con potencia al afirmar con su cabeza en alto: —¡Pero he de cambiar mi mundo! ¡Pues yo creo en un Dios grande! ¡Observen y lo verán!

Tratemos de elevar a Dios oraciones grandes, honestas, limpias y afirmativas, y llegaremos a ser las personas que Dios quiere que seamos.

CAPITULO 12

HE AQUI LA PERSONA QUE REALMENTE QUEREMOS SER

Ya hemos bosquejado en este libro los principios que rigen una vida dinámica y triunfal. Actuemos según esos principios y ellos actuarán por nosotros. Podemos llegar a ser las personas que queremos ser. Podemos triunfar y triunfaremos en nuestra vocación, en nuestras aspiraciones personales, en nuestras vidas.

Cuando avanzamos en pos de nuestros grandes sueños, nunca olvidemos la persona que realmente queremos ser. Más vital que el éxito a lograr o la obtención de metas personales, es el carácter que adquirimos en el proceso. En el más alto nivel trataremos de ser la clase de persona que goza de un alto respeto de sí mismo. Mis palabras finales contienen tanto una promesa como una advertencia. La palabra "advertencia" es un vocablo positivo. ("Amenaza" es su contraparte negativa.)

La advertencia. Para triunfar no renunciemos a nuestra autoestimación. Podríamos ganar una profesión pero perder una personalidad. Jesús dijo: "¿Qué aprovechará al hombre, si ganare todo el mundo, y perdiere su alma?" (Mateo 16:26.)

La promesa. Hay una forma de progresar sin perder nuestra personalidad. Podemos convertir en realidad nuestros sueños y garantizar nuestra autoestimación, sin destruirnos en el proceso.

Siempre queremos ser la clase de persona que puede mirarse en el espejo sin avergonzarse. No solamente habremos de enorgullecernos por lo que hemos logrado, sino también por la forma en que lo hicimos. Siempre habremos de aspirar a la mayor dignidad.

Preguntémonos: —En lo más profundo de nuestro corazón, ¿qué clase de persona queremos ser?

¿Somos personas "yo-yo"?

Las personas "yo-yo" hallan la plenitud emocional alimentando su inseguro ego, saciando sus placeres egoístas, asegurándose de salirse con la suya. Esta gente, al tener que tomar una decisión, se formula las siguientes preguntas:

—¿Cómo me incumbe a mí?

—¿Qué beneficio obtendré?

—¿Encaja en mis planes?

No importa si a otros les gusta; no importa si ayuda a otros; no importa si lastima a otros.

Es el tipo de persona que no comparte nada con nadie, que no le interesa, que no está dispuesto a cargar con la carga de sus semejantes. ¿Que alguien llora? ¿Que alguien muere? —¡Qué lástima! ¡Qué pena! Tengo suficientes problemas propios — es su eterna respuesta, en lugar de decir: —Por favor, permíteme ayudarte.

Sobran evidencias en favor de la tesis de que por naturaleza la mayoría de las personas tienden a ser individuos "yo-yo".

Años atrás el conductor de un ómnibus en Detroit, Michigan, fue atacado por un pasajero. En tanto el fornido asaltante golpeaba al conductor hasta romperle el brazo, los otros pasajeros, incluyendo a un buen número de hombres, se quedaron sentados, cobardemente, en sus asientos. Es decir todos, con la excepción de Bernice Kulzco, de 71 años de edad, que se adelantó por el pasillo abriéndose paso a empujones y empujó y eventualmente atemorizó al matón que optó por huir. Recibió puñetazos, sus anteojos se hicieron pedazos, pero hizo honor a su valentía y fue felicitada por los directivos de la empresa de ómnibus y por sus semejantes. Los otros, los que se quedaron en sus asientos, constituyen un excelente ejemplo de personas "yo-yo". La actitud "yo-yo" afecta íntegramente el carácter de una persona.

Afecta sus normas de evaluación. —Quiero lo que quiero cuando quiero y en la forma en que lo quiero —resume sus normas de evaluación en una sola sentencia egoísta. —Haz tus propias cosas —dice— que yo haré las mías.

Moldea su vida emocional. Pronto descubre que la mayoría de la gente de este mundo no se interesa mayormente por él. Por ello se torna inseguro, defensivo, opresivo, suspicaz y cínico. Se lanza a una frenética carrera de placeres en un neurótico esfuerzo por evitar un enfrentamiento con su propio yo del cual no se siente nada orgulloso. O va en pos de un mayor poder, al creer tontamente que el poder y la posición harán que los demás lo miren con respeto. Equivocadamente cree que por ese camino logrará el ansiado respeto por sí mismo. Demasiado tarde, o tal vez nunca, descubre que la ruta del "yo-yo" nunca lleva al autorespeto.

Tiene desastrosos efectos, a todo nivel, en sus relaciones interpersonales. La comunicación se transforma en un problema permanente. Solamente "oye" lo que quiere oír. Solamente "escucha" cuando imagina que podrá sacar algún provecho. La verdadera comunicación implica dar tanto como tomar. Entonces es un diálogo. Pero la persona "yo-yo" no puede dar, por lo cual no puede aceptar, pues siempre el aceptar significa dar. Tenemos que prestar nuestra honesta y humilde atención para aceptar un consejo, una crítica, una sugerencia. Tenemos que demostrar una legítima y auténtica preocupación antes de aceptar las cargas de los demás y poder decir: —Me preocupa tu situación.

Tenemos que desprendernos de nuestra libertad antes de aceptar vernos envueltos en causas dignas. Tenemos que dar nuestro tiempo, nuestro talento y nuestros tesoros, antes de que verdaderamente podamos aceptar responsabilidades.

Una de las grandes lecciones que debemos aprender hoy en día es que la humildad es una unidad orgánica. Todos navegamos en el mismo bote en este Planeta Tierra. Lo que lastima a otros, en última instancia nos lastimará a nosotros. Todas las personas están estrechamente ligadas unas a otras en esta nave espacial en la cual vivimos. Ocurre una explosión y oímos la mala noticia o la vemos en la pantalla de televisión. Nos aflige, nos enfurece, nos preocupa o nos asusta. ¡Nos afecta! Podemos comer y alegrarnos, pero oímos a otra gente que habla y comenta sobre las horribles cosas que ocurren. La comunicación masiva ha logrado que la humanidad comprenda que es una unidad emocionalmente orgánica. ¡Nos guste o no nos guste!

La revista *Look* en su edición de enero de 1970, hizo un resumen de nuestros problemas sociales con las siguientes palabras:

> El individualismo se ha excedido. Se manifiesta en expresiones tales como "me saldré con la mía, compañero", donde las palabras "me", "mía", generalmente significan dinero, bienes materiales, "*statu*" y frenéticos holgorios. El conductor del camión que entrega mercaderías, cansado de dar vueltas a la manzana, estaciona de tal manera que obstruye íntegramente uno de los carriles de circulación. Pudo, con cierto trabajo, meterse en una zona de carga y descarga, pero, ¿por qué molestarme? (—Me salgo con la mía, compañero.) El tránsito vehicular comienza a embotellarse. Dos cuadras atrás, se traba una calle transversal y lo mismo

ocurre en la intersección siguiente. ¿Qué hacer con este pequeño problema que nunca debió plantearse?

—Si un camión me impidiera el paso— dice el rudo individualista —le haría saber lo que pienso, y si no se aparta le demostraría quién es el que manda aquí.

—Pero, señor, está usted a dos cuadras de distancia de ambos sentidos. No tiene usted la más remota idea de quién ha provocado el embotellamiento. Ocurre que los tres automóviles más cercanos al camión, son conducidos por mujeres. Su individualismo, no importa cuán áspero y rudo sea, es impotente.

Los embotellamientos del tránsito revelan de qué manera están entrelazadas nuestras vidas. Y el drama se repite de mil maneras cien mil veces al día. Un individuo egoísta puede secuestrar un avión lleno de pasajeros o echarlo abajo envuelto en llamas.

¿Somos personas "yo-ello"?

Las personas "yo-ello" son las que le atribuyen a las cosas una importancia primordial. Se realizan emocionalmente en las cosas. Son "cosistas".

¿Quiere gozo? ¡Busque algo nuevo!

¿Aburrido? ¡Vaya de compras!

¿Culpable? ¡Compre un regalo!

¿Temeroso? ¡Compre un revólver!

¿Inseguro? ¡Aumente la cuenta bancaria!

¿Necesita impresionar a la gente? Automóviles, clubes, cocktails, es la solución. ¿Solitario? Vaya al cinematógrafo, a un bar, a un motel.

Para tales individuos aun la gente se transforma en cosas. No son para él personas con esperanzas, sentimientos y sueños. La gente es para él un juguete, una herramienta, chucherías para diversión, bienes para adquirir algo o basura que se tira. Juguetes, herramientas, chucherías, bienes o basura... todo.

1. La persona "yo-ello" jamás está emocionalmente satisfecha ni realizada. Descubre que las cosas se herrumbran, se gastan, se arrugan, envejecen o pasan de moda. Probablemente nunca descubra que las cosas no fomentan el autorrespeto y la autoestima sobre bases permanentes.

2. Su actitud también determina sus normas de evaluación. ¿Cuánto gana? ¿Cuál es el margen de beneficio? ¿Cuánto costará? Estas son las preguntas que se formula.

3. Nunca se siente verdaderamente libre, pues estará siempre atrapado por la tiranía de las cosas. Píntame, revócame, remiéndame, repárame, reemplázame, retapízame o, por lo menos, reordéname.

4. Nunca quiere realmente a nadie. El cariño de la persona "yo-ello" no pasa de ser "te quiero porque te *preciso o porque te necesito*". Su encuentro con sus semejantes nunca es a nivel profundo, por lo cual, en realidad, no vive en plenitud. Martín Buber escribió: "Alternar con la gente es vivir."

¿Somos personas "yo-tú"?

Los que entran en contacto con los demás considerándolos seres humanos, son las personas "yo-tú". Ven a sus semejantes como personas que sueñan sueños, que desean cosas, que sufren dolores y necesidades. Cuando pasamos del nivel animal al nivel humano hemos alcanzado el nivel de personas "yo-tú". Y este nivel determinará nuestras normas de evaluación, y nuestras metas. ¡Las decisiones serán fáciles de adoptar! Nuevamente formulamos los siguientes interrogantes: —¿Ayudará? ¿Debería hacerse? ¿Alguien hace algo al respecto? —Escuchamos atentamente y damos de nosotros mismos. Hay gente así.

El sargento de la marina norteamericana M. E. Bingham y su esposa Marta, vieron algunas muchachas actuando en forma indecorosa y rondando por la calle, cuando se mudaron a su nuevo lugar de residencia, en San Diego. Las invitaron a su casa para sacarlas de la calle y darles algún tipo de dirección. La idea floreció hasta transformarse en un verdadero club al que asistían veintenas de jóvenes para participar en diversos juegos y entretenimientos.

En Moro, Illinois, Bob Fruse, de 31 años de edad, que trabajaba medio día en una granja, perdió ambas piernas cuando cayó bajo una cosechadora. Sus amigos no solamente recolectaron doce mil dólares, sino que además cosecharon sus campos y construyeron una acera de cemento, una calzada para coches y un patio en su casa.

En North Bend, Washington, los vecinos de un panadero que resultó herido juntamente con su esposa en un accidente automovilístico, atendieron su negocio. Entre los que colaboraban en la venta de los productos se contaba un pastor y un empresario de pompas fúnebres.

En Richfield, Minnesota, una viuda obtuvo un nuevo techo para su hogar. Lo instaló la organización denominada Operación Hermandad, cuyos miembros donan varias horas semanales a un "banco de talentos" para ayudar a los necesitados.

En cierta ocasión doscientos cuarenta reclusos de la *Granja de presos Tucker* en Pine Bluff, Arkansas, donaron el dólar que como regalo de Navidad recibieron del gobierno, para comprar regalos y obsequiarlos a veinticinco niños pobres de la vecindad.

Cuando las personas "yo-yo" o las personas "yo-ello" se transforman en personas "yo-tú" ¡qué cambio se produce!

El ama de casa se convierte en madre de familia.

El señor se convierte en padre.

El abogado se convierte en consejero.

El maestro se convierte en modelador de hombres.

El doctor se convierte en un sanador.

El conductor de camiones se convierte en transportador de materiales vitales.

El vendedor se convierte en un proveedor de necesidades humanas.

El empresario se convierte en un creador de oportunidades de trabajo.

El capitalista se convierte en un constructor de una sociedad mejor por su capacidad de ganar dinero.

El líder religioso se convierte no en un propagandista de doctrinas sectarias, sino en un salvador de almas, un edificador de la fe, un hombre que inspira a los demás para que cambien su vida.

¡Y ahora planteamos un interrogante vital! ¿Creemos, verdaderamente, que puede cambiarse la naturaleza del hombre? Probemos, con este interrogante, nuestra capacidad de imaginar posibilidades. Respondamos con la respuesta de "verdadero" o "falso", a las siguientes preguntas o afirmaciones:

1. Burro viejo no agarra trote.

2. Algunos hábitos nunca pueden ser cambiados.

3. ¿Pueden ser cambiadas personas que han vivido siempre sujetas a ciertas normas?

4. ¿Es verdad que el carácter de una persona se define a los 7, 18, 25, 45, 65 años de edad?

¿Es posible cambiar la naturaleza humana? Depende a cuál judío le damos crédito:

1. Freud diría: "No, no es posible cambiar a la gente." Desconfió del hombre. Poco antes de morir, Sigmund Freud le dijo a Viktor Frankl: "Mientras más estudio al hombre más lo desprecio."

2. Marx diría: "Sí, cambiemos las condiciones económicas del hombre y se eliminarán todos los males de la humanidad." Es por ello que los freudianos nunca se hacen marxistas.

3. Jesucristo diría: "No, no es posible cambiar en forma permanente la personalidad cambiando sólo el medio ambiente. Un peral entre manzanas será siempre un peral." También diría: "Sí, es posible cambiar la vida si se cambia la forma de pensar. Permitid que el Espíritu Santo more en vosotros y seréis una nueva persona."

Para ser personas "yo-tú" se requiere una profunda revolución espiritual en el corazón humano. Alexander Pope oró: —Oh, Dios, hazme un hombre mejor.

Su ayudante dijo: —Sería más fácil hacerte de nuevo.

Eso es posible. San Pablo escribió: "Si alguno está en Cristo, nueva criatura es." (2 Corintios 5:15.) ¿Cómo se produce esto? Jesús dijo: "De cierto, de cierto te digo, que el que no naciere de nuevo, no puede ver el reino de Dios." (Mateo 3:3.) No nos asustemos por la palabra "convertido". Fotosíntesis es el proceso mediante el cual se utiliza la energía solar para convertir el agua o el aire en alimento vegetal. La vida consiste en convertir alimento en energía; la energía en acción; el mineral en vegetal; el vegetal en animal; el animal en hombre y un hombre egoísta puede convertirse en una persona a la imagen de Cristo.

Uno de los más populares animadores de América es Dick Van Dyke. El secreto de su exitosa personalidad habrá que buscarlo en su hogar, allá en Arizona, la noche aquella en que con un grupo de amistades jugaban el juego denominado "Quién quisiera ser". Uno quería ser Beethoven. Otro Horowitz. Los demás distintas personalidades. Cuando le llegó el turno a Dick, dudó un poco y con toda sinceridad pero algo tímidamente, explicó: "No quiero que me tomen por tonto", admitió, "pero quisiera ser Jesucristo."

Hay millones de personas que viven en este mundo y que han aceptado a Cristo y le han dado un lugar en sus vidas ¡y han cambiado! Han adquirido la capacidad de amar sin egoísmo de ninguna naturaleza.

¿En qué consiste el verdadero amor? Yo lo defino así: "Amor es mi decisión de hacer míos los problemas de los demás." Un verdadero cristiano es una persona maravillosa.

Tiempo atrás volé al Oriente en una misión en favor de la Fuerza Aérea de los Estados Unidos. Al poner pie en tierra después de nueve horas de volar sobre el Pacífico, el primero en acercárseme a estrechar mi mano fue un oficial negro con un águila en cada hombro. Sonrió y me dijo: —Dr. Schuller, soy Bill King.

El coronel Bill King fue mi anfitrión en Okinawa y uno de los más formidables seres humanos que he conocido en mi vida. Pocos días después nos dirigíamos en automóvil al aeropuerto para mi viaje a Japón, y le agradecí por su afabilidad, su hospitalidad y su bondad. Me miró y dijo: —Dr. Schuller, quiero que sepa usted que el buen trato que le dimos no fue para impresionarlo.

Luego de una breve detención por la luz roja del semáforo, continuó: —Lo hemos tratado bien simplemente porque es usted un ser humano.

Detuvo el vehículo para dejar cruzar la calle a un grupo de niños y terminó: —Y la única manera de tratar a un ser humano es dándole lo mejor.

Un coronel con quien me relacioné en Japón me dijo que él y Bill King visitaron varios años atrás a los familiares de King en Selma, Alabama. A Bill le acababan de entregar las águilas y caminaba orgullosamente por las calles de la ciudad, vistiendo su uniforme. De pronto dos blancos se le acercaron, le arrancaron las águilas de sus hombros y las arrojaron a la acera, al tiempo que decían: —Eres un impostor. Ningún negro puede ser coronel de la Fuerza Aérea Americana.

Mi nuevo amigo continuó su relato con las siguientes palabras: "Bill levantó las águilas, sonrió y dijo: —Bueno, no soy un impostor y sé muy bien lo que ustedes piensan de mí, pero quiero decirles que Dios los ama a ustedes y yo también.

"Con ello Bill siguió su camino. Cuando nos sentamos en el automóvil Bill me miró con sus ojos húmedos, me entregó sus águilas y me dijo: —¿Quieres hacerme el favor de prendérmelas de nuevo, Jack? —Se las prendí y me sentí orgulloso de hacerlo."

¿Cómo llegar a ser la persona con la cual nosotros mismos podremos vivir y gustarnos? ¿Cómo podemos ser ambiciosos, enérgicos, constructivos y dinámicos y en el proceso de lograr esas cualidades lograr al mismo tiempo dignidad y respeto por nosotros mismos? Transformándonos en personas "yo-tú". Y eso lo logramos cuando alcanzamos el nivel de persona "yo-El".

Para ser una persona "yo-El".

Unámonos a Cristo. Permitamos que su Espíritu se incorpore a nuestra personalidad. Al igual que Bill King, amaremos a la gente; treparemos a la cima; y nos encantará hacerlo. Entonces, de verdad, seremos la persona que realmente queremos ser.

Nos agradaría recibir noticias suyas.
Por favor, envíe sus comentarios sobre este libro
a la dirección que aparece a continuación.
Muchas gracias.

Editorial Vida
8410 N.W. 53rd Terrace, Suite 103
Miami, Fl. 33166

Vida@zondervan.com
www.editorialvida.com

9 780829 705140